JN006576

艶やかに

尾上菊五郎

聞き書き　小玉祥子

毎日新聞出版

「身替座禅」山蔭右京（2010年10月、御園座）

「春興鏡獅子」弥生
（1971年５月、歌舞伎座）

「仮名手本忠臣蔵」早野勘平（2016年11月、国立劇場）

「新皿屋舗月雨暈
魚屋宗五郎」
宗五郎
（2011年11月、新橋演舞場）
©松竹（株）

序

尾上菊五郎

私が初舞台を踏んだのは五歳です。当時の尾上菊五郎劇団には、江戸の匂いを全身からぷんぷんと漂わせた明治生まれの古老が、まだたくさんいらっしゃいました。その方たちの昔語りを聞くのが大好きで、しょっちゅう楽屋にお邪魔したものです。

古老たちは火鉢の前に座り込み、煙管（きせる）でモクモクと煙を上げながら、世話物そのものの江戸弁で、鰹（かつお）売りや煙管の手入れをしてくれる羅宇屋（らうや）などの物売りの仕事ぶりから長屋での暮らしのありさま、自分が出入りし、時にはそこから芝居に通った女郎屋の様子などを手に取るように話してくれました。

菊五郎劇団の世話物には彼らの味が存分に発揮されました。花道を提灯（ちょうちん）を下げて歩く姿ひとつにしても、実にいいんです。着物を着て下駄と草履で過ごしてきた人たちです。ただ歩いているだけ、何もこしらえているわけではないのに、自然と江戸の人になりきっていました。

「ああ敵わないな」と思ったものです。令和、平成に育った役者さんには出せない味でしょう。そういう先輩たちに感化されて育った私は、しゃべり口調にも彼らの物言いが反映されているような気がします。

ちょっと見には汚いじいさんたちなんですよ。でも、みんな色っぽくて艶やかなんです。祖父（六代菊五郎）もこういう人だったのではないかと思ったものでした。私の世話物にも、そんな匂いが出ればと思います。本の題名は、そこから取りました。

私の役者人生は女方から出発しました。口にこそ出しませんでしたが本当は立役志向でした。立役の相手役を演じながら、「自分ならこうするのに」と悔しかったことも、辛かったこともありました。やはり女方だった父も同じような気持ちを抑えながら仕事をしていたのではないでしょうか。父もそうでしたが、私が若いころ芝居の終演後に夜の街に繰り出したのも、今思うと、我慢から来る発散の表れだったのかもしれません。

私は昔の役者の芸談を読むのは好きですが、語るのはあまり好きではありません。なぜなら芝居には「これが正解」というのがないからです。祖父の六代目菊五郎の芸談をまとめた本にも、「今はもう違うよ」というところがあります。

今の若い役者さんたちだって、考えて努力して芝居を作っている。私から見て「なるほど」と思う部分もあります。それを、「そうじゃないよ、こうしろ」と全否定するような教え方をしたくはありません。ひとつ注意したことで、芝居全体のバランスが崩れてしまうのも嫌です。芝居には流れがありますからね。

そう思ってこれまで来ましたが八十歳を越し、そろそろ昔のことを思い出してもいいかなと考えました。「昔の役者さんはこうだった」「こういうことを教わった」「こう考えて芝居をしていた」と思い出すままに語ったのがこの本です。

私の「聞き書き」は、これが初めてで終わり。集大成のつもりでおります。

造本装幀　岡　孝治

写真　二階堂健●カバー／口絵（一・三頁）／本文（二六〇・二六一・二〇四・二〇五頁）

カバー表＝「梅雨小袖昔八丈　髪結新三」二〇〇八年六月、博多座

カバー裏＝「弁天娘女男白浪」一九九九年六月、博多座

写真協力　松竹（株）

艶やかに——尾上菊五郎 聞き書き——目次

目次

第三章　芝居の命

第四章　芸の道には本当も嘘もない

第五章　果てなき道

艶やかに

尾上菊五郎 聞き書き

第一章

俳優の自覚

祖父六代尾上菊五郎と
丑之助（菊五郎）

「春興鏡獅子」。右から丑之助（菊五郎）の胡蝶、梅幸の獅子の精、
坂東亀三郎（現・坂東楽善）の胡蝶（1955年5月、歌舞伎座）

父梅幸と秀幸(菊五郎)

母珠子と丑之助時代の菊五郎

しー坊

「このような栄えある勲章をいただけるのも、不器用な私に時代物、世話物、舞踊と懇切丁寧にご指導を賜ったおじさんたち、父や兄さん方のお陰と、ただただ感謝の気持ちでいっぱいです。歌舞伎の持つ独特な形式美と申しますか、そういうものと色気、艶、愛嬌、江戸っ子気質（かたぎ）などというものを研究してお客様に楽しんでいただける役者になりたいと思います」

二〇二一年度の文化勲章受章が決まった際に菊五郎は都内のホテルで催された記者会見で、こう口にした。

菊五郎は立役と女方の両方を演じる俳優である。一九四八年に五代尾上丑之助を名乗って初舞台を踏み、一九六五年に四代尾上菊之助、一九七三年に長く継ぐ者のいなかった江戸歌舞伎以来の大名跡である菊五郎を七代目として襲名した。二〇〇〇年に日本芸術院会員、二〇〇三年に重要無形文化財保持者（人間国宝）に認定され、二〇一五年に文化功労者に選ばれた。

妻の富司純子、長女の寺島しのぶは女優、長男の菊之助は歌舞伎俳優として活躍している。菊之助の長男、丑之助、しのぶの長男、尾上眞秀もそれぞれ歌舞伎座で初舞台を踏んで俳優の道を歩みだした。

歌舞伎俳優を主体に組織される日本俳優協会の理事長で、現在の歌舞伎界では唯一、劇団制をとる尾上菊五郎劇団を率いる立場にもある。

その足跡を、「ご指導を賜った」と口にする亡き俳優たちの思い出と、多くの役の話を交えながらたどってみたい。

本名は寺嶋秀幸。父は戦後歌舞伎を代表する名女方のひとりであった七代尾上梅幸。梅幸は一九一五年生まれで明治から昭和の歌舞伎界屈指の名優、六代菊五郎の養子であった。梅幸の著書『梅と菊』（日本経済新聞社）によれば、実母は赤坂で芸者屋を営んでいた寺出きん、実父は鍋倉直という実業家で梅幸はその三男に生まれた。ちなみに長兄は映画スターとなった徳大寺伸である。

「菊五郎に子がいないところから、実父母と養父母との話合いで、三男の私は生まれ落ちると同時に菊五郎家にもらわれていったのだそうで、生まれる前にもらう約束があったらしい」（同書）とある。

六代菊五郎の本名は寺嶋幸三。秀幸の幸はこの祖父に由来する。

三代菊之助を名乗る若手花形の梅幸は一九三八年五月に帽子製造業を営む長郷義助の次

女、珠子と結婚した。

『梅と菊』によると、当初、若夫婦は五代菊五郎夫人で六代菊五郎の養母・里の生前の住まいであった離れ座敷を新居としたが、同年十二月には独立し、東京市麹町区永田町（現在の千代田区永田町）の一軒家に引っ越した。

その翌年に長女の清江（きよえ）が生まれ、第二子として一九四二年十月二日に誕生したのが菊五郎である。お宮参りの産着は花紺地に鶴と菊の友禅で、現・菊之助のお宮参りでも同じ産着が用いられた。

一九四一年十二月八日に太平洋戦争が始まり、一九四四年三月には「決戦非常措置要綱」などに基づき、歌舞伎座などの大劇場の営業が停止された。

大都市での興行が難しくなったため、歌舞伎俳優の仕事の中心は地方巡業や軍需工場の慰問となり、梅幸も自宅を留守にすることが増えた。

当然ながら菊五郎には永田町の家の記憶がない。だが雑誌『演芸画報』の一九三九年四月号に三代菊之助の新居訪問記が若夫婦の写真と共に掲載されている。

純和風の二階家で、一階の突き当たりが洋式の応接室、二階が客間に書斎と諸道具入れの三間とある。この住み心地の良さそうな家も歌舞伎座、新橋演舞場と同様に一九四五年五月の空襲で焼失した。

戦禍を逃れて七代梅幸（当時三代菊之助）一家は東京から箱根の堂ヶ島温泉の旅館、対星館に移り住んだ。六代菊五郎の支配人、牧野五郎三郎の紹介であったと『梅と菊』にはある。

梅幸夫婦と長女・清江、長男・秀幸と六代菊五郎夫人で梅幸の養母・家寿子（やすこ）の五人が同居した。

「庭の池の鯉（こい）にエサやりしたのを覚えています。終戦後に旅館を出て大磯に転居しました。漁師さんの家の二階に間借りし、親子四人で暮らしました。友達もおらず、いつも海辺に出て、ひとりで遊んでいました」

家寿子は名妓の誉れが高かった元新橋芸者で、「琴、三味線、邦楽をはじめ、お茶、お花、香道から和歌、俳句がそれぞれ免許皆伝」（同書）であった。六代菊五郎との間に子ができなかったため、跡取りとして養子に迎えられたのが梅幸である。

だが六代菊五郎と恋人で元芸者の千代との間に、久枝、清晃（きよあき）（尾上九朗右衛門（くろうえもん））、多喜子という三人の子が生まれる。清晃は家寿子が引き取り、梅幸の弟として育てた。梅幸も九朗右衛門も少年期までは家寿子を実母と信じて疑わなかったという。

梅幸は後に「戦争中、嬉しかったのは、亡くなった母と箱根の疎開生活で数カ月間一緒に暮せた事です」（『八人の歌舞伎役者』加賀山直三編・青蛙房）と述べている。

同書によれば警戒警報の発令を受けて灯りを消し、月明りだけになった一間で、米軍戦闘機・B29の爆音が轟く中、家寿子は地唄の「菊の露」を弾き語りした。

江戸時代の広橋勾当作曲による、恋する男の訪れがないのを悲しみ、やがては消える菊花の露に、わが身のはかなさを重ねた曲だ。

「逢うは別れと言えども愚痴に」という何とも切ない文言もある。浄瑠璃の「壺坂霊験記」では、妻・お里の不貞を疑う盲目の沢市が弾き語りする場面に使われている。

梅幸は「実に何とも云えない気持でした」と続けている。梅幸が家寿子をどれだけ敬慕し、大切にしていたかがわかる。

終戦後、家寿子は箱根から六代菊五郎の住まいもあった辻堂（神奈川県藤沢市）に移り、一九四六年二月一日に没した。それは次男として慈しみ育てた九朗右衛門の結婚式当日であった。

家寿子没後に六代菊五郎は千代と再婚した。長じて後、久枝は十七代中村勘三郎夫人に、多喜子は六代清元延寿太夫夫人になった。

九朗右衛門は家寿子について「すべて上級好みで、言葉も上品で、当時役者の奥さんは〝おかみさん〟と呼んでいたのを〝奥さん〟と呼ばせた人です」（『演劇界』連載「ONOE・KUROEMON　in亜米利加」土岐迪子編）と語っている。

同誌の九朗右衛門談によると、家寿子は子供たちが二十歳になるまでは酒も煙草も禁じ、小遣いは月ぎめで余分な金は渡さず、子供の衣類も派手なものは好まなかった。「役者の子供として育てたくなかった」と九朗右衛門は養母の思いを代弁している。万事、特別視されることを嫌ったのだろう。

梅幸も「父母はいわゆる〝役者らしさ〟が嫌いで、私には一般世間並みのしつけをした。よく役者の子というと絹の振袖に浅葱（あさぎ）の衿（えり）のついた襦袢（じゅばん）を着ていたものだが、私はいつも久留米がすりを着せられていた」（『梅と菊』）と記している。

「私に家寿子さんの記憶はありませんが、芸者時代に伊藤博文のお相手もしたような人で、気位も高かったらしいです。私の母も相当、家寿子さんに感化された上品な人でした。私が反抗期で悪たれをついた時に、母に『あなたは本当に下品ね』と言われたので、『下品に生んだのは誰だ』と返したことがあります。母は黙っちゃいましたね」と菊五郎。

終戦後の一九四五年十月、東京・帝国劇場公演の「銀座復興」から六代菊五郎と梅幸は舞台活動を再開した。一九四七年二月には東京劇場で「菊之助改め七代目尾上梅幸　家橘（かきつ）改め十六代目市村羽左衛門（うざえもん）襲名披露興行」が行われた。入場料は税共で一等が六十円、二等が四十円、三等が二十円であった。

梅幸は「道行旅路花聟（みちゆきたびじのはなむこ）」のお軽（十六代羽左衛門の早野勘平（はやのかんぺい））、「壽吉例曽我（ことぶききちれいそが）」の曽我十郎（十六代羽左衛門の五郎）、「戀湊博多諷」の小女郎（七代松本幸四郎の毛剃、六代菊五郎の宗七）を勤めた。

梅幸の名は初代菊五郎の俳名に由来する。本来、俳名は俳句を詠む際に用いる名だが、歌舞伎俳優の芸名には俳名から転化したものも多い。芝翫、梅玉、翫雀、家橘は俳名由来の芸名だ。

菊五郎家にとって由緒ある梅幸の名だが、五代中村歌右衛門と並ぶ明治以来の劇界を代表する名女方・六代梅幸が一九三四年に没して以降、継ぐものはなかった。六代梅幸は五代菊五郎の養子で六代菊五郎の兄である。六代梅幸の子も孫も早逝したのが梅幸の名跡が長く空いた一因でもあった。

梅幸一家は神奈川県藤沢市の家に転居した。庭に野菜を育てていたというから、食料が潤沢ではなかった当時の生活事情がしのばれる。秀幸は湘南学園幼稚園に入園した。

「二年通いましたが、記憶はあまりありません」と菊五郎。

そのころ、祖父の六代菊五郎は同じ藤沢市内の鵠沼に住まいがあった。それ以前に住んでいた同市内の辻堂の家は一九四六年四月一日に火災で焼失していた。

「庭からすぐ船に乗って江の島へ行ける。そいで釣りがやりたくてね」（季刊雑誌『歌舞伎』特集尾上菊五郎）と千代は鵠沼の家を表現している。六代菊五郎が趣味とした釣りをするのに好適な立地だったのであろう。

菊五郎が鵠沼の家に遊びに行くと、六代菊五郎は親しい仲間と麻雀に興じていることが多かった。

「廊下の日当たりのいい場所で、祖父が（二代河原崎）権十郎さんたちと雀卓を囲んでいるのを見ていました。すると祖父が、『あのおじいさんの後ろにいって、牌にどんな絵が描いてあるのか教えろ』と私に命じます。私が後ろにまわって覗き込もうとすると、権十郎さんが『坊や、だめだよう』って」

二代権十郎（一八八〇～一九五五年）は、六代菊五郎の幼馴染で長じてからも親しく交わり、六代菊五郎没後に結成された菊五郎劇団では準座員格となった。早逝の二枚目俳優、二代菊之助をモデルにした溝口健二監督の映画「残菊物語」では養父の五代菊五郎を演じている。

その次男が三代権十郎（一九一八～一九九八年）。親子を区別するため、二代権十郎は仲間内では「権じいさん」の通称で親しまれた。

「私は祖父には、しー坊と呼ばれていました」と菊五郎。

江戸っ子の六代菊五郎は「ひ」を「し」と発音するので、秀幸の、ひー坊が、しー坊になったわけだ。

六代菊五郎は五代菊五郎の実子。立役と女方の両方を演じ、「兼ねる役者」と言われた名優で、今でも歌舞伎界で「六代目」と言えば、大抵の場合は菊五郎を指す。周囲の尊敬を集め、恐れられもした。その六代菊五郎が、しー坊こと秀幸について語った言葉が残されている。

「ことし舞台に出ようというのが、梅幸の息子の秀幸ですが、これは僕をちっともこわがらないですよ。僕は家では随分きびしい方だから、娘たちはこわい親父と思っているんでしょうね。役者の家の子供たちだからといってちゃらちゃらさせる気分にはなれない、やはり親としては子供にも孫にも人間として立派な者になって欲しいと考える」（『おどり』六代菊五郎著・時代社）

猪熊大之進

一九四八年四月の東京・新橋演舞場で催された「尾上菊五郎一座・澤村宗十郎一座・松本幸四郎一座　四月興行大歌舞伎」で秀幸は初舞台を踏み、五代目丑之助を襲名した。

六代菊五郎が助六を演じる「助六曲輪菊（すけろくくるわのももよぐさ）——六世清元延寿太夫襲名披露——」の禿（かむろ）で、梅幸の茶屋女房に手を引かれて登場し、劇中で口上を述べた。

「延寿太夫さんが、五代目清元栄寿太夫から延寿太夫になる時で、その襲名が主体でした。私は『どうぞよろしくお願いします』のひとことだけ。父と同じ楽屋で鏡台を並べていました」

藤沢の自宅から新橋までは汽車で通った。

「父と一緒に家を出て東海道線に乗り、新橋駅から木炭タクシーで劇場まで行きました」

木炭タクシーはガソリンが不足した戦中戦後に活躍した、木炭を動力源としたタクシーである。

幼い子には日々の通勤だけでも大きなストレスだ。そのためか公演中に体調を崩した。

「子供ながらに気を使っていたのでしょうね。病気になってしまいました。発熱したので最初は風邪かと思いましたが、検査したら、おたふく風邪とはしかにいっぺんにかかっているのがわかりました」

さぞつらかったろうと思うが、六代菊五郎の「初舞台から休んだのでは縁起が悪い」という鶴の一言で出演は続行された。

「通院のため、劇場近くの旅館を取りました。おたふく風邪で顔が腫れて化粧ができないので素顔に紋付で舞台に出続けました」

初舞台以降は子役としてコンスタントに舞台出演をするようになった。

「女方よりも刀を差す立役の方が好きでした。それを知っていた祖父は、『最初は女方の禿だったから、次は立役で出してやろう』と言ってくれました」

そんなわけで、同年五月は東京劇場の「新薄雪物語」の秀王丸を勤めた。六代菊五郎の園部兵衛、初代中村吉右衛門の幸崎伊賀守、七代幸四郎の秋月大膳という豪華な配役であった。

「花見の場面に登場する通行人の若殿役でした」

同年六月が同劇場で「一谷嫩軍記　陣門・組打」の遠見の敦盛。本役の小次郎と敦盛は梅幸、熊谷直実は初代吉右衛門であった。熊谷と敦盛（実は小次郎）の須磨浦海上での騎馬による戦いを遠景で表現するため、本役と同じ扮装の子役を使うのが遠見である。

この時の遠見の熊谷は松本金太郎。今の二代松本白鸚であった。

「波幕の後ろに板が渡してあり、その上を歩くのですが、元気にし過ぎて踏み外し、海にドボンと落ちました。心配した（初代）吉右衛門のおじさんに、『坊や、大丈夫かあ』と呼びかけられました。お弟子さんがすぐに持ち上げてくれたのでケガもしませんでした」

梅幸と一緒の楽屋に入って鏡台を並べた。幼いうちは自分では化粧をすることができない。

「父の若い時からの弟子の（尾上）梅祐か（尾上）音三郎が化粧をしてくれましたが、二人とも、筆につばをつけて描くのが汚らしくて嫌でね。早く自分で化粧をできるようになりたいと思いました」

六代菊五郎とは別の楽屋だったが、公演中に部屋に呼ばれたことがある。

「活発な子どもだと思われていたらしく、『トンボが返れるらしいな。やってみろ』と言われました。そこで、台の上に乗って、でんぐり返しをしたら、『そうか、そうか』と。もっと身軽だと思われたのかもしれません。『鳥羽絵』の鼠にでも使おうかと考えていたのではないかな。できずに残念でした」

「トンボ」とは、歌舞伎の立ち廻りなどで用いられるタテで、宙返りの動作をさす。「鳥羽絵」は歌舞伎舞踊。主人公の升六に鼠がからみ、トンボを返ったり、しなを作ったり、おかしみのある所作を見せる。鼠は子役が勤めることが多い。

一九四八年十月には新橋演舞場の「義経千本桜」で「木の実」の善太を勤めた。六代菊五郎のいがみの権太の子供役で、梅幸は小金吾とお里を演じた。

六代菊五郎の妻、寺嶋千代の著書『亡き人のこと』（演劇出版社）によれば、当時の六代菊五郎は高血圧で腎臓に疾患があり、病状は悪化の一途をたどっていた。

「木の実の場で、ひどく息切れがして、うまく台詞が云えない程で、小金吾で一緒に舞台へ出ている誠三（梅幸）さんが『お父さんが舞台で、あんなに息切れのするのを見るのは初めてだ。実に苦しそうで見ていられない。何とかして休ませてあげたい』と申していた程でした」（同書）と記している。

さらに「そんなに弱っておりますのに、みんなに心配をさせない為に、楽屋へ帰って来ると、つとめて元気な風を装っているのが、私にはよく判りました。その様子があんまり気の毒なので、何度か心で泣きました」と続けている。

それでも六代菊五郎は丑之助に、ちょっかいを出した。

「稽古場で膝をちょこちょこくすぐられたし、随分からかわれました」

幼いころから、いたずら好きで知られた六代菊五郎らしいエピソードとも思えるが、孫との共演で自身を鼓舞し、身体的な辛さを忘れようとしたのかもしれない。

だが、この時に丑之助少年が心を引かれたのは、名優が勤めた最後の権太でも、立ち廻りの末に壮絶な最期を遂げる花形俳優の父が演じる若侍・小金吾でもなく、敵役の猪熊大之進（いのくまだいのしん）であった。

大之進は源氏方に追われる平維盛（これもり）の妻・若葉内侍（わかばのないし）と子の六代君（ろくだいぎみ）を守ろうとする小金吾と戦った末に命を落とす。

演じていたのは尾上鯉三郎（こいさぶろう）（一八九七〜一九七四年）。六代菊五郎の弟子で、「東海道四谷怪談」の宅悦、「石切梶原」の六郎太夫などを得意とした脇の要で、一九五〇年には毎日演劇賞の演技別賞を受賞している。

「声が渋くてね。憧れました。『誰でもない、猪熊大之進様だ』とすごむところを楽屋で繰り返し真似ていると紀尾井町のおじさん（二代尾上松緑）が手を叩いて、『大大根』と声をかけてくれる。褒め言葉だと思い、『ありがとう』と応じていました」

二代松緑はおもしろがって「おおどだいこや　猪熊大之進殿」と書いた賞状まで用意し、楽屋で丑之助相手に贈呈式を行った。うまくない俳優を大根というが、そこに「大」と「ど」を付けてさらに強調したわけだ。

「小学校高学年のころに、やっと褒め言葉ではないと気づきました。紀尾井町のおじさんは亡くなる（一九八九年没）間際まで、『なんでお前は猪熊大之進ばかり好きだったんだろうなあ』とおっしゃっていました。鯉三郎さんは、それほど格好良かったんです」

藤沢から劇場通いをしていた丑之助に、十六代羽左衛門（一九〇四〜一九五二年）は「田舎の子」とあだ名をつけた。十六代羽左衛門は戦前の歌舞伎界屈指の二枚目として人気を博した十五代羽左衛門の養子で若衆や女方を得意とした。

「（十六代羽左衛門の）おじさんは何事にも動じない、おっとりとした殿様のような方で、私たちは勇（本名）さんと呼んでいました。聞いた話ですが、おじいさん（六代菊五郎）

に散々怒られたことがあった。おじいさんが出て行った後、『いいの、いいの。誰でも六代目と同じようにできたら、ちっとも六代目は偉くないでしょ』と言ったといいます」

だが、その「田舎の子」生活にも一九四九年に終止符が打たれる。同年四月の丑之助の小学校入学に合わせて梅幸一家が東京の芝二本榎（現在の東京都港区高輪）に転居したからである。

進学先は私立森村学園初等科。現在の品川駅北側の高台に校舎があった。同校には一九六一年の高等科卒業まで在籍した。

「小学校は共学で、中学から男女に分かれました。いい学校で、いじめもありませんでした」

子役での出演も徐々に増えていく。

「午前中だけ授業を受けて舞台出演することも多かったです。学校から品川駅まで歩き、そこからバスに乗ったり、電車で通ったり。結構大変でした。学校では、『お前、女の役をやるんだってな』と友達によくからかわれました」

小学校入学後間もなく、歌舞伎の演技の基礎となる踊りの稽古も開始された。師となったのが多くの歌舞伎俳優が教えを受けた宗家藤間流の宗家・六世藤間勘十郎（二世藤間勘祖）である。名振付家でもあった。

「学校が終わってから上野の七軒町（東京都台東区）のお稽古場まで都電にガタガタ揺られて通い、帰宅はいつも午後九時ごろになりました。それから宿題をするので寝るのも遅くなり、『なんでこんなことをやらなくちゃいけないのかな』と思った時期もありました。ご宗家（六世勘十郎）には、本名の秀幸から、『しーちゃん』と呼ばれていました。江戸っ子は、『ひ』を発音できる人が少なかったですね」

稽古場では二歳年上の五代市川男寅（四代市川左團次）や自身と同学年の四代坂東亀三郎（現・坂東楽善）と一緒になることもあった。男寅は四代市川男女蔵（三代左團次）、亀三郎は七代坂東彦三郎（十七代羽左衛門）の長男で、菊五郎劇団に所属する子役仲間だ。

「小学校高学年になると昼間の稽古後に不忍池でボートを借りて三人で乗ることもありました。男寅に亀三郎に丑之助。なんだか動物園みたいですよね」

当時は丑之助という名前が嫌だったと話す。

「牛って、もそっとした感じでしょ。子供や孫に丑之助を名乗らせる時も、ちょっとかわいそうだなと思いました」

とはいうが丑之助の初代は後の二代菊五郎で、二代が六代菊五郎、父の梅幸が四代という音羽屋代々の幼名である。

一九四九年五月に新橋演舞場で「土蜘」の石神を演じた。能の「土蜘（土蜘蛛）」を原作にした河竹黙阿弥作の舞踊で、曽祖父の五代菊五郎制定による「家の芸」である「新古演劇十種」のひとつ。主人公の僧・智籌実は土蜘の精は二代松緑、源頼光は梅幸であった。

石神は智籌が土蜘の本性を見せて姿を消し、土蜘の姿となって再登場するまでの間狂言に登場する。神を名乗ってはいるが正体は小姓で、見破られて巫女・榊に背負われ、「許させられい」と詫びながら逃げる。主に子役が演じる。

榊は後に映画界入りする大川橋蔵（一九二九～一九八四年）。六代菊五郎の弟子で、当時は若女方であった。

「紀尾井町のおじさんに、『構わないから榊をひっくり返して、アッカンベーをして花道を入れ』とそそのかされました。何度かやりましたねえ」

二代松緑にはかわいがられ、松緑夫人の愛子に「家に泊まりにいらっしゃい」と誘われたこともあった。二代松緑の子の初代尾上辰之助は四歳下なので、まだ幼かった。

「辰之助は自分の部屋のベッドで眠り、私が紀尾井町のおじさんとおばさんに挟まれ、川の字になって寝ました。一週間ぐらい泊めてもらいました」

物干し場会議

名優、六代菊五郎は一九四九年七月十日午後十二時三十七分に六十三歳で没した。最後の舞台は同年四月、東京劇場の「團菊祭」で勤めた「寺子屋」の松王丸、「加賀鳶」の梅吉と道玄であった。

初日は四日。二日目の五日の終演後に前年七月に移り住んだ竹心庵と名付けた自宅（東京都中央区木挽町）で二代権十郎らとビンゴゲームを楽しんだ後に就寝したが、六日午前四時ごろ頭痛を訴えだす。眼底出血をしていた。

六日からの公演は松王丸を初代吉右衛門、道玄を二代松緑、梅吉を九代市川海老蔵（十一代市川團十郎）が代役し、以降は自宅で療養生活を続けていた。

梅幸は大映映画「山を飛ぶ花笠」（伊藤大輔監督）の主演が決まり、七月にクランクインする予定であったが、父の病状を案じて撮影場所の京都行きを延期していた。

その梅幸を六代菊五郎は竹心庵に呼び出し、「役者は舞台が戦場だってこたあおめえも知っているだろう。映画だって同じことだ。引き受けた仕事は責任を持たなきゃいけねえ。おれのことは心配せずにいけ」（『梅と菊』）と京都行きをうながした。八日夜に京都入りした梅幸は十日に父の死を伝えられた。

妻の千代らの家族と初代吉右衛門、二代松緑らが最期をみとった。次男の九朗右衛門は舞台出演中で間に合わなかった。菊五郎には祖父を見舞った記憶はない。

二代松緑は著書『役者の子は役者』（日本経済新聞社）で、六代の終焉に際し、終生のライバルと目された初代吉右衛門が、「ガックリ肩を落とし、ただ呆然としてひとことももののをいわなかった」と記し、「〃にくさもにくしなつかし〃い六代目に先立たれた播磨屋の悲しみがにじみでていた」と続けている。

六代を偲んで初代吉右衛門が残した句に「相共に流し合ひたる汗思ふ」がある。

梅幸は京都からの帰りの車中で一番に考えたのは、「父のいなくなった菊五郎一座はこれからどうなるのだろうということだった」（『梅と菊』）と述懐している。

歌舞伎座は空襲で焼失後、いまだ再建されておらず、東京で歌舞伎を上演する松竹系の劇場は東京劇場と新橋演舞場のみ。一方で初代吉右衛門、二代市川猿之助（初代市川猿翁）、七代坂東三津五郎という六代菊五郎と競い合ってきた俳優たちは健在で、それぞれに一門を率いていた。

「唯一の実力者を失った七十人近いわれわれの一座が、こういう先輩のなかに入って果たして毎月興行を続けていくことができるかどうかが何より心配だった」（同書）

竹心庵で六代菊五郎の通夜が行われた一九四九年七月十一日の夜、菊五郎一座の幹部は同家の物干し場に集まって今後どうすべきかを話し合った。この会合は「物干し場会議」と呼ばれ、後世まで語り継がれることになる。

出席者は梅幸、九朗右衛門と幹部の四代男女蔵（三代左團次）、二代松緑、七代彦三郎（十七代羽左衛門）、そして弟子の鯉三郎ら。

幹部連は相談の上、退座したいという意向があれば申し出て欲しいと座員に伝えた。結果、七十人近くの座員の中で廃業を申し出たのは一人だけであったという。一座は六代菊五郎亡き後もその名を残し、「尾上菊五郎劇団」として再発足することになった。それが菊五郎劇団の始まりである。

「私は会議にこそ出席しませんでしたが、竹心庵にはおりました。お通夜の席から『ちょっと用事があるから』と言っておじさんたちがいなくなりました。それでも親戚やお弟子さんたちがいましたから黙って遊んでいました」と菊五郎。

丑之助を名乗る菊五郎はまだ六歳。後に自身が菊五郎の名を継ぎ、劇団を率いるようになることなど想像する由もなかった。

六代菊五郎には文化勲章が追贈され、同十九日に東京・築地本願寺で「芸術文化葬」の名で葬儀が催され、関係者からファンまで二万人以上が参列した。

六代菊五郎に師事したひとりである七代中村芝翫（当時七代中村福助）は参列者について、「喪服をきちっと着た人が四分の三、後の四分の一は割烹着姿で買い物籠に大根や葱を入れたようなごく普通の方たちだった」（『芝翫芸模様』小玉祥子著・集英社）と語っている。六代菊五郎がいかに幅広い層に親しまれていたかがわかる。

「お葬式のようすは何となく覚えています。暑い日でした」と菊五郎。

劇団発足当時、主軸となる俳優は、みな若かった。梅幸は三十三歳、九朗右衛門は二十七歳、二代松緑は三十六歳、七代彦三郎（十七代羽左衛門）は三十三歳、上置きの形の四代男女蔵（三代左團次）が五十歳、そこに二代松緑の兄で四十歳の九代海老蔵（十一代團十郎）が客分として加わった。

当時の東京での歌舞伎公演の中心は東京劇場、新橋演舞場、三越劇場の三劇場。若手主体の菊五郎劇団は大阪、名古屋での公演や地方巡業が多くなった。

「働かなくては食べられませんからね。父は忙しくて子供にまでは目がいかなかったと思います」と菊五郎。

だが菊五郎劇団は団結し、次第に人気を高めていく。一九五〇年十二月の明治座再開場では同劇団が中心の「仮名手本忠臣蔵」の通し上演が行われた。梅幸の塩冶判官とおかる、二代松緑の高師直と寺岡平右衛門、九代海老蔵（十一代團十郎）の早野勘平で、関西歌舞伎から三代阪東寿三郎が大星由良助（由良之助）で加わった。若い一座にはまだ由良之助をできるような立役がいなかったのだ。

一九五一年三月には同年一月に再開場した歌舞伎座に出演した。上演された谷崎潤一郎監修、舟橋聖一脚色、久保田万太郎演出の新作歌舞伎「源氏物語」は九代海老蔵の光源氏、梅幸の藤壺で大評判となった。

「劇団自体の人気も上がってきて、お客様の入りを心配しなくても大丈夫なようになっていましたが、なんといっても歌舞伎座に出られるというのでみんな張り切っていました」（同書）と七代芝翫は当時の熱気を証言していた。

脇の存在

菊五郎劇団は明治座などを舞台に、通し狂言や新作歌舞伎の上演に積極的に取り組み、成功をおさめていく。丑之助の舞台出演も小学校の学年を上がるごとに増えていった。

それまでに上演されていない新作や通しでは稽古日数を多く必要とする。俳優たちは外にも稽古場を求めた。梅幸は浅草の料亭の広間を稽古場に使うようになり、丑之助も父に同行することがあった。

「父の稽古が終わるまで女将さんのいる部屋で遊んでいました。そこに挨拶に来た芸者さんたちが、私にお座敷遊びをいろいろと教えてくれるんですよ」と菊五郎。

女将と芸者の会話にも興味津々で聞き入った。

「芸者さんが女将さんに愚痴をいう。すると女将さんが『しようがないよ。あのお客は野暮なんだから』。そうか、その人は野暮なんだ、と思うわけです」

そこには未知の興味深い光景が広がっていた。

「大人の世界に先に入っちゃったから、小学校の勉強に身が入るわけがない。『どのみち、こっちの世界に行くんだから、卒業さえできればいいや』なんて思っていました。『これが将来芝居の役に立つかな』とも考えていました」

それでも小学校生活は楽しんだ。二、三年生になると出演のない月でも学校帰りに劇場の楽屋に友達を引き連れて立ち寄った。物資が不足し、気のきいたおもちゃは手に入りづらい時代であった。

「ところが劇場には小道具の刀も鎧も兜もいっぱいありました。『小道具をおもちゃにしてはいけません』とよく怒られましたが、友達と舞台裏で遊び、大道具さんにもかわいがってもらいました。それでも人に迷惑をかけるようなことはしませんでした。今と一緒ですよ」

小学校と自宅が近かったので、友達を連れて帰宅することも多かった。

「家ではチャンバラやメンコやベーゴマをよくやりました」

学校では丑之助と本名の秀幸をあわせて「ひーすけ」あるいは「ひーちゃん」と呼ばれていた。運動神経は抜群だった。

森村学園初等科は六年間クラス替えがなかった。菊組の同級生で、現在も親交のある藍澤基彌(アイザワ証券株式会社最高顧問、相談役)は当時の菊五郎を、「いたずらっ子で通っていました。授業中に輪ゴムを飛ばしたり、休み時間にドアを開けた時に黒板拭きが落ちるように仕掛けたりしていた記憶があります。足が速くて休み時間にみんなで野球なんかやっていると、とても目立っていました」と懐かしむ。

野球は大好きだった。同級生の野球友達が正田英三郎・日清製粉社長(当時)の次男・正田修(日清製粉グループ本社名誉会長相談役)。美智子上皇后の弟である。

「正田君の家で野球をしていると、お父様が、『そんなに野球が好きなら、うちのグラウンドを使いなさい』と言ってくださったので、七、八人で出かけて一日中野球をやらせてもらいました。英三郎さんは立派な方で子供心にもオーラを感じました」

夕方になると泥だらけで正田邸に戻った。

「お風呂にも入れてもらいました。その後、服を着ないでふらふらしていると、『早くお洋服を着なさい。言うことを聞かないなら押入れに入りなさい』と叱られ、友達と押入れに入りました。『かわいそうだから、出してあげなさい』と助けてくださったのが美智子さまです」

「義経千本桜　すし屋」の六代君、「め組の喧嘩」の又八、「寺子屋」の小太郎、「実盛物語」の太郎吉、「盛綱陣屋」の小四郎、「お夏狂乱」の里の子など子役の大役を数多く経験した。

「子役の間はうまいも下手もなく、舞台に出れば、ご褒美をもらえて褒められます。そうやって自然に役者の線路に乗せられ、気付いた時には、いまさら脇道には行けなくなっているんです。名子役ではなかったなあ。そもそも菊五郎劇団は、子役が達者に演じるのをあまり好みませんでした。子役は、あくまでも主役を引き立てるための脇の存在ですからね」

小学校での「将来の夢」という題の作文には、「歌舞伎座支配人」と記した。

「斎藤てっちゃん（徹雄）という、豪快で面白い支配人がいたんですよ。楽屋にさっと入ってきて、なんだかんだ言ってね。いいなと思ってあこがれました」

欲のない子だったと自己分析する。

「学校に行くよりは役者の方が好きでしたから、嫌になったことはありませんでした。『役者になるんだろうなあ』と思っていましたが、『あれやりたい、これやりたい』とは考えませんでした。この道に進もうとしっかりと決めたのは、周囲の友人たちも進路を口にするようになった中学生のころです」

一九五三年十月は歌舞伎座で梅幸が女小姓弥生後に獅子の精を踊った「春興鏡獅子」で胡蝶を四代亀三郎（楽善）と初役で勤めた。十一歳であった。その後も胡蝶は度々演じることになる。

将軍の前で舞を披露することになった弥生に獅子の精が取りついて踊り狂う、という明治時代に発表された福地桜痴作の舞踊。九代團十郎初演で、團十郎家の「家の芸」である「新歌舞伎十八番」に数えられるが、六代菊五郎も得意とし、菊五郎家でも大切にされていた。

弥生が舞台から去り、獅子の精の姿になって再登場するまでの間に、二人の胡蝶が、蝶の姿で舞う。歌舞伎興行では子役が演じることが多い。

「体はよく動く方でしたので、苦にはなりませんでした。獅子の精が頭に付ける毛が幾つもなかったので、父は頭にシーツを巻き、浅草の料亭の広間で稽古をしていました。それを見ながら、自分もいつか弥生を踊りたいと思いました」

意識せずとも小学校高学年のころには俳優の自覚が芽生えていたのかもしれない。

六代菊五郎

六代菊五郎没後も、その記憶は劇団員の心に深く刻み込まれていた。六代菊五郎は私財を投じて自身が設立した俳優養成機関の「日本俳優学校」の校長を務めていた時期がある。そのため、弟子の多くは六代菊五郎を先生と呼んだ。

「『先生だったら、こういう時はこうしたでしょうね』とお弟子さんたちは、よく口にしていました」

梅幸家でも六代菊五郎由来の習慣が格別に大切にされていた。

「くつろいでいても芝居の話が出ると必ず正座になりました。ご飯を食べる時も正座。祖父からの習わしですが、私の代にも引き継がれています」

だが、中には理解不能なものもあった。

「醬油をたくさん使うと怒られる。ところが、ソースはだぶだぶかけても構わない。それも祖父からの伝統らしかったです」

そのころ二本榎の自宅には住み込みの内弟子がいた。四代澤村由次郎時代の六代澤村田之助と四代尾上菊十郎である。

「菊十郎さんは母屋、田之助さんは庭にあったぼろぼろの四畳半の離れに住んでいました。二人にはキャッチボールやお相撲をして遊んでもらった記憶があります。二人は、こちらが寝静まったころ、毎晩のように庭の垣根を破り、こっそりと飲みに出ていたらしいですよ」

六代田之助の自伝『澤村田之助むかし語り〜回想の昭和歌舞伎〜』（雄山閣）によると、内弟子をしていたのは一九五三年九月から六代田之助襲名直前までらしい。

六代田之助は一九三二年に五代田之助（初代澤村曙山）の長男に生まれ、四代澤村由次郎を名乗って初舞台を踏み、いったん舞台を離れたが、一九五三年に菊五郎劇団に復帰。一九六四年に田之助を襲名した。女方、立役の両方を勤め、脇役として活躍し、二〇二一年六月二十三日に没した。「魚屋宗五郎」では菊五郎の宗五郎でおはま、「雪暮夜入谷畦道」では菊五郎の片岡直次郎で丈賀を度々勤めた。

同書には「当時いまの菊十郎君が幸一と名乗っていて、内弟子の先輩でしたから、彼を見習って、玄関のお掃除から拭き掃除もいたしました。（中略）ただ食事は梅幸さんとご一緒に、お弟子さんとは別にいただきました」と記されている。

また「二本榎のお宅に置いていただいていた頃のいまの菊五郎さんは腕白でね、大変な悪戯坊主。私、一度ひっぱたいてしまったことがあります。そしたら、パッと家を飛び出しちゃって帰って来ない。菊五郎さんのお姉さんから大変怒られました。悪戯といっても子供らしい無邪気なくだらないことなのですけど、あんまりしつこいんでやっちゃった」（同書）とある。

菊五郎に確かめたが、「覚えていないなあ」とのことであった。

梅幸家の内弟子制度は家の建て替えとともに終わりを告げた。

「私と父が出かけていても、内弟子がひとりでもいれば、おふくろが食事を作らないといけないでしょ。年を取ってそれが辛くなってきたんですよね」

ある時期までは歌舞伎に限らず、能楽、日本舞踊などでも内弟子を取る家が多くあったが、住環境の変化もあって、そうした家は少なくなった。

もうひとりの内弟子・四代菊十郎は一九三二年生まれ。六代菊五郎晩年の弟子で、一九四八年に尾上幸一を名乗って初舞台を踏み、一九五八年に尾上梅五郎となり、一九六八年に四代菊十郎を襲名。坂東八重之助の跡を継ぐ名タテ師でもあった。ひところの菊五郎劇団が上演する「髪結新三」の鰹売り、「暗闇の丑松」の湯屋番はこの人で、江戸前らしい生きの良さを見せた。二〇二〇年に没した。

農耕馬

菊五郎は一九五五年四月に森村学園中等科に進学した。中学からは男子部、女子部に分かれた。一学年一クラスのみの小規模な学校であった。

「男子部は私たちが小学生の時にでき、中学も高校も高輪の同じ敷地にありました」

子役で出るには柄が大き過ぎ、大人の役を演じるには幼過ぎる時期で、舞台出演は少なくなった。中学二年生の時には無遅刻、無欠席で皆勤賞をもらったほどだ。

だが、その時期をどう過ごしたかが将来の俳優生活に大きく関わる。菊五郎が歌舞伎俳優をしばしば農耕馬に例える理由もそこにある。

「代々の歌舞伎役者を血統正しいサラブレッドに例える人がいますが、私に言わせれば違います。長い道のりを、ポッコ、ポッコと同じペースで歩き続けなければならない。しかも体力がいります。だから農耕馬です」

舞踊の稽古は小学生時代から始めていたが、中学入学と共に新たな習い事が加わった。鼓(つづみ)、太鼓などの鳴物を望月初子、長唄の唄と三味線を吉住小美和について学んだ。

「『いいお師匠さんがいるから通いなさい』と父に言われました。気持ちを持続させなければならないので、舞台がない時期の方がお稽古事は大変なんですよ」

　下校後は稽古場に直行した。

「稽古で正座を続けているとズボンの膝が抜けてしまう。制服をだめにしてはいけないので、替えのズボンを持参して穿き替えました。ひと月に五日間ぐらい続けて習いました。稽古事が重なり、掛け持ちすることもありました」

　一九五六年の舞台出演は歌舞伎座三月公演の新作歌舞伎「なよたけ『竹取物語はこうして生れた』」（加藤道夫作、岡倉士朗演出）の男童こがねまると六月公演の「舌を噛み切った女　すて姫」の町の子のみ。一九五七年は一月に新橋演舞場で「乗合船恵方萬歳」の角兵衛獅子子供玉吉と、歌舞伎座五、六月公演「源氏物語」の若き頃の光君、八月大歌舞伎の「奉教人の死」の奉教人の子を勤めた。

「源氏物語」は同座で初演されて大入りを記録して以来、九代海老蔵（十一代團十郎）の光源氏、梅幸の藤壺の顔合わせにより、版を変えながら上演を重ねていた。初演時の若き頃の光君は二代市川笑猿（十代岩井半四郎）が演じて評判となっていた。

「二人目の光君が私。『半四郎さんは名子役でしたね』と言われるのがプレッシャーでした」

　接する機会が増えたのが、二代松緑の長男・初代尾上左近（初代辰之助）と九代海老蔵の長男・六代市川新之助（十二代團十郎）で、共に一九四六年生まれ。菊五郎の四歳下であった。

名古屋の御園座で恒例であった菊五郎劇団公演に梅幸、二代松緑、九代海老蔵が出演していた年のこと。中学生の菊五郎は小学生の辰之助と新之助を引き連れ、三人だけでの御園座行きを敢行した。特急「つばめ」で、東京から名古屋まで約五時間の行程であった。

「芝居を見て旅館に泊まりました。先輩方は御園座の中で合宿していたので、夜になると遊びに行きました。そこでやられていたのが花札の『こいこい』。（三代）権十郎のおじさんが私にも教えてくれたので、花札を持って帰京しました。学校で級友に伝授し、体育の時間に教室に残り、教壇で、『こい！』とやっていたら、先生に怒られました。中学に入ってから活発になりましたね。普段でも楽屋に行けば、お兄さんたちがサイコロで遊んでくれる。まるで『義経千本桜』の善太だよね」

「義経千本桜」の「木の実」には、サイコロを持つ善太に父親の権太が湯飲み茶わんで、博奕（ばくち）の壺振りを教える場面がある。

当時は脇の俳優も個性的であった。

「（三代尾上）多賀蔵さん（一九〇一～一九九一年）、（五代尾上）新七さん（一八九八～一九八〇年）、（三代坂東）薪蔵（しんぞう）さん（一八九八～一九七三年）。劇場の楽屋の大部屋に大きな火鉢があり、そこを囲むように座ってみんなで煙草を吸い、もくもく煙が上がっている。すごい光景でしたが、江戸の空気を持つ面白い人たちばかりでした」

青春

高校進学は一九五八年四月。稽古に励んでも舞台出演は少なかった。体を丈夫に、という意味もあったのだろう、梅幸はスポーツを奨励した。中等科では野球部に所属し、高等科入学後も継続した。

「高校二年生の時には野球部の部長をやり、選手を引き連れて他校と試合をしました。複雑なサインなんてできないので、『俺が帽子を取ったら盗塁だぞ』とかね。お坊ちゃん学校で、負けてもへらへらしていました」

高校に入ると、いつも行動を共にする気心の知れた六人の友人ができ、昼ごはんは学校近くのそば屋に繰り出した。

「面倒臭いからと午後の授業に出るのを止めたこともありました」

学校に隣接していたのが高輪プリンスホテル（当時）。

「塀を乗り越えたところにちょうどホテルのプールがあったので、よく昼間から泳ぎました。もちろん料金は払いましたよ」

友人達と同じ教習所に通い、当時は十六歳から可能だった自動車の小型免許を取得した。

七人組のひとりが奥角勝（オクズミ商事取締役会長）。数少ない高校からの入学組だが、「入学して一週間もたたないうちに」菊五郎と意気投合。今でも菊五郎のことを「ひーすけ」と呼ぶ仲である。

「七人はみんなマイペースでした」と奥角。

奥角は中学でバスケットボール部に所属していたが、当時の森村学園高等科のバスケットボール部には部員が四人しかいなかった。

「ホームルームで呼びかけたら、十人以上入部してくれました。運動神経抜群のひーすけはバスケも上手で、野球部員でしたが入ってくれました。七人の仲間全員がバスケットボール部員になりました」

授業が終わると七人は銀座で集合した。

「銀座の友達のところに上着を預けてあったので学生服から着替え、ショットバーからクラブまで通いました。高いお酒が家にいっぱいある仲間がいたので、売って資金調達することもありました」と奥角。

楽しい仲間ができた菊五郎は、高校二年に進学するにあたり、「一年間だけ舞台に出さないでください」と梅幸に願い出た。

「理由を聞かれたので、『みんなと一緒に修学旅行に行きたい。高校卒業後は舞台に専念します』と説明したら、父も許してくれました。舞台でも、あまり役がつかない時期でしたし、その一年間だけは学生ライフを満喫したいと考えました。といってても遊んでばかりでしたけれどね」

なかなか豪快な学生生活だったようだ。七人組は金を出し合って東京タワーからほど近い場所にあった高層アパートの走りといえる「日活アパート」（東京都港区芝公園）の一室を借りた。

『日活五十年史』によると一九五七年開業の七〜九階建てで、「都心の丸ノ内、銀座に徒歩で25分内外で行かれる、（中略）超デラックスなアパート」とある。

「二、三年間は借りていたと思います。気が向くと出かけて麻雀をやったり、集まったりしていました」と菊五郎。

七人組のひとりが女性との交際で父親から勘当を受けた際には家出を助けた。

「彼女と二人で暮らす部屋を借りてやり、みんな運転免許を持っていましたから、蒲団（ふとん）などの家財道具を彼の実家からこっそりと持ち出して部屋に運び込みました」

さて参加が可能になった修学旅行である。

「（一九五九年の）六月末から七月ごろではなかったかと思います」

二週間の北海道旅行であった。定山渓（札幌市）、湯の川（函館市）、川湯（弟子屈町）、登別（登別市）……。

「温泉地ばかりをまわりました」

特急「はつかり」で、上野から青森まで約十二時間。青森から函館まで青函連絡船で約四時間半。函館から札幌までが函館本線で約六時間の長旅であった。「はつかり」は一両が修学旅行用の貸し切りになっていた。

「『はつかり』に乗ると、クラスメイトを誘って食堂車に直行しました。父をはじめとする芝居の先輩方も乗ったことがあるので、何がおいしいか、という情報は入手していました」

席に戻ると花札で遊んだ。

「あくる日は、札幌市内の観光でしたが、列車内ではしゃぎ過ぎ、みんなぐったりしてしまい、バスから誰も降りない。『あれが札幌時計台か』と窓から覗きました」

旅館では仲間六人と示し合わせ、密かに外に履物を用意しておき、夜を待って風呂場の窓から抜け出した。

「温泉地ですから芸者さんがいる置屋もありました。仲間に進んでいるやつがいてね。事前に店を調べておき、『これから行くので、芸者さんを三人呼んでおいてくれ』と旅館から電話を入れて頼んでおく。ゆく先々で、どんちゃん騒ぎを繰り広げ、夜中にこっそりと宿に戻りました。親からお小遣いをもらってきているので費用は頭割りです」

ところが、登別温泉では失敗をした。

「置屋さんで雑魚寝をしてしまい、目を覚ましたら、旅館からバスが出る予定の午前八時。あいにくの雨の中を友達と三人で置屋の番傘をさして戻ると、教師に『お前らどこに行っていたんだ』とどなられました」

その時の菊五郎とっさの言い訳がふるっている。

「すみません。奥角の親戚にちょっと引き留められちゃって」

名前を出されたのが友人の奥角勝。

「いきなり、そんなことを言われ、もちろん登別に親戚はいないので、驚きました。みんなもうバスに乗って待っていました」と記憶を呼び起こしてくれた。

奥角は梅幸家に一か月居候していたことがあり、梅幸夫妻をはじめとする一家と食卓を共にした。

「お母さん（珠子）がかわいがってくれてね。俺用の歯ブラシまで用意されていました。

いつも秀幸（菊五郎）の部屋に泊まっていました。仲の良いご家族でしたね」と奥角。

一緒に遊びに出かける前に、菊五郎から「稽古をしてくるから、ちょっと待っていてくれ」と言われたこともあった。

「そっと稽古を見せてもらったこともあるし、稽古が終わるのを二時間ぐらい部屋で待っていたこともあります。ですが、彼は普段は芝居の話は一切しなかった。そこはきれいに切り替えていました」

第二章

稽古は苦にしない

「源義経」の牛若丸（1966年9月、歌舞伎座）©松竹（株）

初めて会った時の、菊五郎と藤（富司）純子

三浦之助

与えられた一年間の猶予期間も終わり、一九六一年三月には森村学園高等科を卒業した。舞台出演は増えたが、所属する菊五郎劇団の主軸であった梅幸も二代松緑も、歌舞伎俳優としては伸び盛りの四十代。相変わらず菊五郎に大役を演じる機会はほとんどまわってこなかった。

「京鹿子娘道成寺」の所化（僧）、「熊谷陣屋」の四天王（源義経の家臣）、「紅葉狩」の更科姫の侍女など、台詞の少ない役が続いた。

「言うならば、バック（背景）です。動いてはいけない役が多かったですね。それでも、そこで見たことを後にふっと思い出し、役に立つことがありました」

一九六二年四、五月には歌舞伎座で、菊五郎劇団の客分であった九代海老蔵の「十一代目市川團十郎襲名」公演が行われた。当時丑之助の菊五郎は四、五月に「口上」に出演し、五月は「暫」の加茂義郷を勤めた。

「華やかでしたね。楽屋にも、わんさかと人がいて部屋が足りない。出番が終わったら、『すぐに帰れ』、という感じでした」

五代菊五郎、初代左團次と「團菊左（だんきくさ）」と並び称され、「劇聖」と讃えられた九代團十郎が一九〇三年に没して以降、六十年の長きにわたって名乗る者のなかった江戸歌舞伎屈指の大名跡を人気盛りの海老蔵が襲名するとあって劇場は賑わった。

当時の人気スポーツの筆頭は野球であった。菊五郎劇団にも野球チームがあり、東京・浜町のグラウンドなどで、しばしば他チームとの試合がもたれた。中学、高校と野球部所属の菊五郎も張り切って参加した。

「私は主に内野手でピッチャーもやりました。打順は一番か三番。（十七代）羽左衛門のおじさんも、（九代）三津五郎のおじさんも、（六代）田之助さんも投げましたよ。芸能人野球大会があって、菊五郎劇団、吉右衛門劇団、新派、新国劇や落語の（柳家）金語楼チームなどが参加し、私は7割何分か打って、最高殊勲選手に選ばれたこともありました」

十一代團十郎も律儀に野球場に足を運び、人気俳優目当てに来場したファンのために代打で出場した。

「おじさんは二度も三度も代打に立ちました。ボールなんかぶつけようものなら、ファンに恨まれます。ちっとも打てやしないのですが、相手チームのピッチャーがおじけづいてフォアボールを連発し、代走が出塁しました」

十一代團十郎は一九〇九年生まれ。七代松本幸四郎の長男だが、一九四〇年に九代團十郎の娘婿の五代市川三升（十代團十郎追贈）の養子となり、九代海老蔵を襲名。初代白鸚（八代幸四郎）と二代松緑は実弟である。

「源氏店」の切られ与三郎、「助六」の助六など古典はもちろん「源氏物語」の光君や「なよたけ」の文麻呂など新作にも当たり役を持ち、「海老さま」と呼ばれる人気ぶりであった。

「オーラがありました。若いころのおじさんに『助六』を教えた祖父（六代菊五郎）の、『うまくはないけれど、助六なんだよな』という言葉が残っています。この華（オーラ）というのが難しいんですよ。（初代）白鸚のおじさんも、紀尾井町のおじさん（二代松緑）も、中村屋のおじさん（十七代勘三郎）も、（六代）歌右衛門のおじさんも華がありました。なくては上に立てませんよね」

そういう自身もまぎれもなく華のある俳優である。

「ちょこっとね。ちょこ華」と照れたように口にするのが、この人らしい。

十一代團十郎は一九六五年十一月十日に胃癌で亡くなった。五十六歳の若さであった。長く相手役を勤めた梅幸が、「『ご亭主に死なれた思い……。何もいえません』と声をつまらせ、〝女房役〟の悲しみをもらしていた」と当時の毎日新聞にある。

菊五郎が二十代のころのインタビューで、歌舞伎俳優として歩む決意を再確認した役として、しばしば挙げていたのが「鎌倉三代記」の三浦之助である。

一九六三年三月の巡業で初演した。五代男女蔵（四代左團次）の佐々木高綱、四代由次郎（六代田之助）の時姫の配役。もうひと役が落語を題材にした「人情噺文七元結」の文七。長兵衛は三代左團次であった。

「文七は（三代）左團次のおじさんに教えていただき、三浦之助は（三代尾上）多賀之丞さんに教わりました」

三代左團次は一八九八年に六代市川門之助の子に生まれ、幼いころから六代菊五郎に師事し、二枚目、女方を得意とした。一九六九年に没した。

三代多賀之丞は一八八七年生まれ。小芝居と呼ばれる宮戸座などで活躍していたが、相手役となる女方を亡くした六代菊五郎に望まれて大芝居に移った。六代菊五郎没後は脇役や老け役に存在感を発揮し、一九七八年に没した。

「鎌倉三代記」は、大坂夏の陣をモデルとし、設定を鎌倉時代に置き換えた義太夫物である。多く上演されるのは七段目部分の「絹川村閑居」だ。

三浦之助（モデルは木村重成）は源頼家（同・豊臣秀頼）率いる京方の武将だが、鎌倉方の頭目、北條時政（同・徳川家康）の娘・時姫（同・千姫）と婚約していた。時姫が病気療養中の三浦之助の母・長門を看病しているところに、母を気づかう三浦之助が戦場から帰還する。

　三浦之助は二枚目であるが、武将の強さも必要とする。

「親父に相談したら、『樋口君（多賀之丞の本名）がよく覚えているだろうから』と言われたので、教えていただきました」

　ところが、三代左團次と三代多賀之丞の考えが、しばしば食い違った。三浦之助は戦場で手傷を負っての登場となる。

「二人の軍兵と立ち廻りしながら出て来るというやり方をしていたら、（三代）左團次さんが『それは小芝居のやり方だから、やめた方がいい』とおっしゃったので変えました。先生が多いと、どちらにしたらいいのか迷うことがよくありました」

　だが、三浦之助を経験したことは大きな力となった。

「それまで演じてきた動きの少ない役柄とは別物で、やっと大人の仲間入りをさせてもらったように感じました」

　この公演では二役とも立役だったが、父の梅幸は女方。菊五郎にも女方が配役される傾向が強かった。

「梅幸の息子だからと会社（松竹）は若い娘の役をつけてきました。共演の多い、（初代）辰之助と（六代）新之助（十二代團十郎）が立役でしたしね。ですが、立役の方が見得をして幕を締める（最後まで主役を演じる）ことが多い。ゆくゆくは立役の方に行きたいと思いながら先輩方の芝居を見ていました」

松緑のステーキ

歌舞伎の演技の基礎となる舞踊の実力を付けたい。そんな思いから菊五郎は劇団の先輩である二代松緑に「踊りを教えて欲しい」と頼み込んだ。

「子供のころからずっと学んできた藤間宗家（二世勘祖）の踊りのお稽古もよかったのですが、それだけでは、まだ足りない気がしました」

松緑は「（長男の）辰之助も大きくなったから」と応じてくれた。そのころ松緑邸で修業中の片岡秀公（現・片岡我當）も交え、三人一緒に二代松緑の稽古を受けることになった。秀公は関西歌舞伎の立役、十三代片岡仁左衛門の長男である。

二代松緑は歌舞伎俳優であると同時に日本舞踊の大流派・藤間流家元で、戦後の日本舞踊界屈指の踊り手でもあった。菊五郎が松緑から学んだ役の多くは「浮かれ坊主」「三社祭」「関三奴」などの立役舞踊である。

「月に三、四日見てもらいました。当時働き盛りのおじさんが、お芝居から帰られるのが午後十時ごろなので、それからのお稽古になりました。教える方にも大変な熱意がないとできないですよね」

料理の腕にも定評のあった二代松緑は、三人のために自身で厨房に立った。その間の稽古は、七代坂東簑助(みのすけ)(九代三津五郎)がみた。こちらも六代菊五郎の薫陶を受け、後に日本舞踊の大流派・坂東流家元となる舞踊の名手。松緑の教えの意味を細かに説明してくれた。

「『体をこう動かすということだよ』とおじさんの教えを解き明かしてくれました」

それから食事になる。

「お稽古が終わり、『ありがとうございました』とご挨拶をすると、『さあ、来い』と食卓に呼ばれる。いいお肉のステーキを焼いてくださいました。それからが長い。食べながら、『この芝居の時はこうだった』と失敗談も交えてのお話をうかがいました。『髪結新三』の新三なら、腕にある入れ墨の話から始まってどんどん飛躍していく。それが面白くてね。帰宅が午前一、二時をまわるのが普通でした」

二代松緑に舞踊の特訓を受けた成果を見せる機会はほどなく訪れた。一九六二年十二月、東京・渋谷の東横ホールで催された「顔見世大歌舞伎」昼の部の「三社祭」で善玉を踊った。悪玉は四代亀三郎（楽善）であった。

「三社祭」は浅草の三社祭の屋台に飾られた山車人形に魂が入って踊りだすのが趣向の三段構成を取る清元舞踊「弥生の花浅草祭」の真ん中部分。天保三（一八三二）年に初演された。

人形である二人の漁師に天から降りた悪い魂と善い魂が宿る。善玉の弾く三味線で悪玉が踊り、悪玉が善玉を誘惑するなどさまざまな振りを見せる。

拮抗する踊り手による名舞台が伝えられてきた舞踊だが、中でも六代菊五郎と七代三津五郎のコンビは大評判を取った。その記憶がまだ観客にも残る中での若い二人の挑戦であった。

そのうえ、同年十月には歌舞伎座で、当時を代表する踊りの名手であった十七代勘三郎の悪玉、二代松緑の善玉の顔合わせで上演されていた。時期の近いこともあってどうしても比較される。十七代勘三郎は五十三歳、二代松緑は四十九歳であった。

「先輩お二人は、体こそ若いころよりは少しきかなくなっていましたが、面白いんです。味がある。若い時はそういう味が出せません」

そして二か月後。若い二人の「三社祭」を多くの先輩が見に来た。

「いろいろ言われました。跳んで、はねて、『とにかく一所懸命やれ』ですよ。体が動けばいいというものではありませんが、若いうちは動かないと見ていられない。目いっぱい、息が続かなくなるくらいやり、足だって、股が裂けるぐらい開く。そのなかから何かが出てくるんです」

後の話だが、『演劇界』の一九六九年五月号「俳優わが子を語る」という特集で、父梅幸が、菊五郎について語った文章を引用する。

「菊之助（当時）は負けず嫌いで不器用な子で、強情なところは私に似ています。（中略）芝居でも納得出来ない場合には、とことん稽古をしています。松緑さんのところへ稽古に行った時でも、規定の時間を終えた後も居残って一人で稽古をしていたそうで、あの分なら心配ないよといわれましたが、稽古は苦にしない子供です」

菊之助襲名

そして一九六五年五月、歌舞伎座で催された「六代目尾上菊五郎追善、五月大歌舞伎」で、菊五郎は丑之助から四代目菊之助を襲名する。尾上左近の初代辰之助、四代亀三郎の八代目坂東薪水との同時襲名であった。

「菊之助になるのは嬉しかったですね」

新・菊之助は「寿曽我対面」の曽我十郎（初代辰之助の五郎、二代松緑の工藤、八代薪水の朝比奈）、舞踊「君が代松竹梅」の梅の君を演じた。

十郎は一九五八年十二月に歌舞伎座の「子供かぶき教室」で一度勤め、その後、一九六四年一月の東横ホール「寿初春松竹大歌舞伎」で演じた。

兄・十郎、弟・五郎の曽我兄弟の工藤祐経への仇討ちを題材にした芝居だ。曽我兄弟が工藤と対面を果たす場面を様式的に見せるのが趣向で、十郎は二枚目系で柔らかさ、五郎は荒事系の強さを必要とする。当たり役とする役への始めの一歩でもあった。

『演劇界』の一九六五年五月号のインタビューによれば、一九六一年六月に歌舞伎座で催された「六代目菊五郎十三回忌追善」公演の時点で、すでに菊之助襲名は決まっていたという。

襲名演目の「対面」だが、同誌の劇評（同年六月号）では、「三人共に教わった通りを叮嚀になぞっている程度で、まだ自分自身のものを出すまでにはなっていない。そういう意味で柄の上ではまり役の菊之助の十郎が一番良く」（浜村米蔵）と書かれた。

だがインタビューでは、「十郎は襲名の時もやるんだけど、好きじゃないんだ僕、あれ大ッ嫌いだ」と語っている。

当時の心境を菊五郎に尋ねた。

「回数を重ねないと難しい役です。じっとしているだけでありながら、(工藤祐経に敵意をむき出しにする)弟の五郎を止め、敵(工藤)に気持ちが向かっていかなければならない。それを様式美として見せる。青年時代に、そういう味は出せません」

二枚目と女方を本領とする梅幸が得意とした役でもある。

「父なんて、なんとなくやってもできてしまう。十郎は一所懸命にやればやるほど評価されないような役です。五十歳、六十歳を過ぎてから味が出てくるものでしょう」

実年齢に近いから良いというわけではない。そこが歌舞伎の面白さであり、難しさでもあるだろう。

一九六五年一月にはテレビドラマに初主演した。NHKで単発放送された作家、村上元三の脚本執筆による「小豆粥」である。家出する大商人の若旦那の役であった。それが、翌年に主演するNHK大河ドラマ「源義経」(村上元三原作・脚本)の実質的なオーディションであったとは後に知ることだ。

村上は『佐々木小次郎』などのベストセラーを持つ時代物の人気作家で、直木賞選考委員も長く務めた。劇作家・長谷川伸門下で、長谷川作品の演出も担当するなど、歌舞伎界との関わりも深かった。

「義経役は村上先生のご推薦だったようです」

大河ドラマの第一作は一九六三年の二代松緑が井伊直弼(なおすけ)で主演した「花の生涯」。当時の大河ドラマへの歌舞伎俳優出演は多かった。

「源義経」は大河ドラマ四作目で、菊五郎の二十三歳での主演は長く最年少として記録された。一九六六年一月二日に放送が始まると、名は広く知られ、菊之助は一躍人気スターとなった。

「歌舞伎という畑から一歩も出たことがない人間だから、テレビに出たってさっぱりわからない。当時は撮影を細切れにしないで台本通りに進めていました。NGが出たら最初から撮り直すんです」

慣れるまでは苦労したようだ。その一年の舞台出演は少なかったが、撮影との掛け持ちを余儀なくされたこともあった。

同年五月号の『演劇界』では、大河ドラマ出演について、「せりふが一回に九十個もあったりするからせりふノイローゼになりそうですよ。歌舞伎役者は稽古事が一ばん大事なのに休みがちになるからいやだなァ。コツコツ貯金してきたものが、ここんとこでパァッとなくなった感じ……」と率直な感想を述べている。

「馬に乗る必要があるので乗馬クラブにも通いました」というように歌舞伎の舞台とは異

なる準備も必要とした。

演出は大河ドラマ第三作「太閤記」を担当して好評を得た同局の吉田直哉が続投した。『NHK大河ドラマの歳月』（大原誠著・日本放送出版協会）には、「五条大橋の義経・弁慶出会いの場面ではピアノ線を使って吊り上げたり、屋島の合戦は絵巻物とフィルムロケとのモンタージュ、壇ノ浦の合戦では、ヘリコプターはもちろんのこと、水中カメラも駆使して迫力ある画面をつくります」とある。当時の最新技術が用いられた。

弁慶は「太閤記」に豊臣秀吉で主演した当時・新国劇の緒形拳、源頼朝は後に演劇集団円を率いる芥川比呂志、平清盛は新国劇の辰巳柳太郎、母の常盤御前は山田五十鈴と、舞台畑の俳優が多数出演した。

歌舞伎界からも菊五郎劇団の六代尾上菊蔵、六代市村竹之丞（五代中村富十郎）らが出演し、同年十二月二十五日まで全五十二回で、平均視聴率は二十三・五％を記録した。

義経二題

ここで特筆すべきは菊之助演じる義経の恋人・静御前に、東映が売り出していた若手スター、藤純子が配役されたことだ。現在の富司純子で、この共演をきっかけとして後に菊五郎と結婚する。

「若い牛若丸のころを高めの声で演じていると、『低い声も出せますか』と聞かれたので、元服して義経になってからは普通の声に落としたら、スタッフが喜んでいました」と菊五郎。

舞台で鍛えた技がものを言った。それまで「月に十通程度」であったファンレターも格段に増えた。

「全部読みましたよ。ところが放送が終わり、舞台復帰した途端に減りました。テレビの影響は大きいと思いました」

放送開始から間もない、一九六六年の「二月若手歌舞伎特別公演」（東横ホール）で「勧進帳」の義経を演じた際には、テレビでファンとなった観客が劇場に詰めかけた。弁慶は初代辰之助、富樫は五代目男女蔵（四代左團次）であった。

「勧進帳」は能の「安宅（あたか）」を素材にした「歌舞伎十八番」物で天保十一（一八四〇）年に初演された。

兄の源頼朝に疎まれて都落ちし、北陸の安宅の関に至った源義経、弁慶主従と関守・富樫との緊迫したやりとりが見せ場になる。一行は東大寺再建の勧進（資金集め）の山伏と偽り、義経は従者の強力に身をやつしていた。

　富樫は一行の通行を断ろうとするが、弁慶たちは最後の勤めをしてから殺されようと祈りを捧げ、富樫は勧進帳を読むように求める。弁慶は白紙の勧進帳を朗々と詠み上げ、富樫の問いにも鮮やかに答える。富樫は通行を許そうとするが、番卒が強力は義経では、と指摘する。弁慶は嫌疑を晴らそうと、強力として義経を打ち据え、その姿に感動した富樫は通行を許す。

　義経は御曹司の気品を必要とするが動きの少ない役だ。梅幸の義経は世評が高かった。『梅と菊』には「歌舞伎では温和な貴公子になっている。だから剛勇無双の立役ではなく、和事がかった役になっているのだが、そのなかにもキリッとしたところが必要である。それと高貴な武将らしい品格が要求される」と難しさを記している。

「父の義経がいいと皆さんに言われるので、プレッシャーがかかりました。義経のために芝居が始まるので動きは少ないですが主役です。腕に白い手筒を付ける人と付けない人がいるので、父に『どうしたらいいですか』と尋ねたら、『暑かったらしない、寒かったらする』という答えでした。結局、義経に見えさえしたらいいんですよね」

　テレビのように動きの多い義経を期待した観客は差異に驚いたようだ。

「笠を被ってじっとしたまま動かない私を見て、お客さんが怒って帰ってしまった、なんことともありました。ですが、たくさんの方に見ていただけるのは嬉しかった。ありがたいことに今でも当時からのファンがいらっしゃいます」

一年を通して義経を演じたことに対しては、「三之助大いに語る」と題した東横ホールの「二月若手花形合同歌舞伎公演」（一九六七年二月）のプログラムで「一年間一つ役を、若い時代から通してやれたなんて、こんなチャンスは二度とないと思うんですよ。すごく勉強になりました」と語っている。

「三之助」とは初代辰之助、六代新之助（十二代團十郎）と菊之助の三人を指す。その前年ごろから花形世代の三人は、こう総称されるようになっていた。

大河ドラマ「源義経」主演について、菊之助時代の菊五郎は二つのことを言っている。一つが「大事な稽古事が休みがちになるから嫌だ」、もう一つが「一年間一つ役を通してやれたなんて、こんなチャンスは二度とない」。反するようだが、どちらも本音だろう。

「芝居だけ出ているころは、全然注目されませんでした。『娘道成寺』の所化ばかり勤めていてもねえ。それが楽屋口にファンが詰めかけるようになって大変でした」

だが人気に有頂天になることはなかった。

「どうせ一年だけのことで、また歌舞伎に戻り、一からコツコツやらなければいけないんだと、意外とさめていました。監督の『ヨーイスタート』で芝居をし、『カット』と言われても、観客がいないので出来栄えがどんなかわからない。お客さんの反応がある舞台の方がよほど面白いと思いました」

いずれにしてもその名が認知されるのに大河ドラマ出演が果たした役割は大きかった。一九六六年二月の東横ホール公演では昼の部で「勧進帳」の義経以外に、「藤娘・浮かれ坊主」を踊っている。

片や梅幸も得意とする六代菊五郎ゆかりの娘方の美しい踊り、片ややはり六代菊五郎が得意としたが梅幸は手掛けたことのない願人(がんにん)坊主の踊りである。

「浮かれ坊主」は下帯と腹巻に黒地の薄物をまとっただけの軽装で足もむき出しだ。体の線がはっきりと見えるため、踊り手は高い技量を要求される。江戸時代に街を歩いて銭をもらうことを生業(なりわい)としたのが願人坊主。その風俗を取り入れて作られた常磐津(ときわづ)舞踊「願人坊主」を六代菊五郎が清元で改作上演した世話物舞踊の傑作だ。

演劇評論家の上村以和於は「この月私が最も強い印象を受けたのはこれだった。踊り自体の巧拙ではなく、それまで、梨園の紳士とされる梅幸の子息ならではのおっとりとした風情と、素直でのびやかな品の良さでは際立っていたが、『藤娘』と並べて、ほとんど半裸で踊る『浮かれ坊主』を出したことに、この若手俳優が思いの他に強い意志と意地の持主であることを感じ取らないわけに行かなかったからである。父の後を追って女形と二枚目役を専らにする道を歩むかと見ていたところへ、意表を突いて『浮かれ坊主』を踊るというのは、立役への意欲を自ら表明したと見るべきであろうし、同時に気働きが察しられる」（『東横歌舞伎の時代』上村以和於著・雄山閣）と記している。

「おじいさん（六代菊五郎）ががらりと変わる二曲を続けて踊って評判を取ったものなので、会社（松竹）からは、『羽根の禿』と『浮かれ坊主』を、と言われましたが、私は『藤娘』を踊りたいと申し出ました」

「藤娘」は文政九（一八二六）年初演の五変化舞踊のひとつ。もとは「けいせい反魂香(はんごんこう)」の所作事で、大津絵の画面から絵が飛び出して踊るのが趣向だ。

人気舞踊として定着していた「藤娘」を、六代菊五郎は一九三七年にそれまで入れ事として用いられていた端唄の「潮来(いたこ)」ではなく、演劇評論家で劇作家の岡鬼太郎作詞による『藤音頭』を入れた新演出で踊って評判を取った。満開の藤の木の前で藤の精が姿を変えながら踊り、酔態などを見せる。

「『藤娘』は藤の精ですが、その時は踊ることだけに一所懸命で、父には『そんなに振ったら、藤の花が散っちゃうよ』と注意されました」

「藤娘」は、舞踊における梅幸屈指の当たり役でもあった。梅幸の「藤娘」には藤の精らしい愛らしさがあった。

「体の使い方ですよね。父に『もう一回、もう一回』と繰り返し踊らされましたが、教えられるものでもない。教える方も段々わからなくなっちゃうんですよね。『それでやっとけ』と言われたこともありましたね」

「浮かれ坊主」には経文に節をつけて歌う江戸ではやったチョボクレや「仮名手本忠臣蔵五段目」の定九郎による与市兵衛殺しを織り込んだ趣向に富んだ振りが付いている。

「紀尾井町のおじさん（二代松緑）に教わりました。おじさんは体が丸くて踊りも丸い。こっちはそのころ、体がガリガリの上にまだ踊り慣れていない。ただ飛び跳ねているようになってしまいましたが、『いっちくたっちく太右衛門殿の～』なんて台詞も入るので、踊っていても楽しかった。ゆくゆくはこちらの方向で行きたいという気もありましたしね」

一九六六年九月には歌舞伎座の「若手歌舞伎奮闘公演」と銘打たれた昼の部で「大河ドラマ」の前半部分を村上元三が脚色・演出した「源義経」が上演され、牛若丸を勤めた。ほかの演目は「棒しばり」（初代辰之助の次郎冠者、六代新之助の太郎冠者）、「源氏店」（六代新之助の与三郎、菊之助のお富）であった。

『歌舞伎座百年史　本文篇下巻』には「若手、ことに〝三之助〟と言われる菊之助・新之助・辰之助三人の進境が目覚ましく、人気も上がり、その成果を歌舞伎の大舞台で披露させたのが昼の部の企画であった」とある。

ボウリングデート

現在は富司純子を名乗る東映スターの藤純子は、「源義経」にヒロイン静御前での出演が決まると、義経役の菊之助に挨拶をするため、一九六五年十月に梅幸邸を訪れた。

「ご自宅の二階で、帰りを待っていると、階段をタタタタと軽快に上がってくる音が聞こえ、ここの家に似合わないような人がいるんだなと思いました。それが主人（菊五郎）でした」

二人は初対面であった。

「僕は芝（東京都港区）のゴルフ場でゴルフをしていました。彼女が挨拶に来ていると聞いたので、バタバタと上がって『こんにちはー』と挨拶したのが、『新鮮な人に感じられた』ということでした。あの当時の東映の男性スターはもっとアクの強い人が多かったでしょ」と菊五郎。

「関西育ちで、それまで、あまり歌舞伎を見る機会がありませんでした。女方さんだから、なよなよした方かなと思っていました。それが、黒のズボンに赤のポロシャツで、ちょっと待たされたら、着物に着替えて二階に上がってきました。イメージと全く違いました」と富司。

富司が本拠としていたのは映画撮影所のある京都。ドラマの収録後は京都にとんぼ返りすることも多く、共演者といえども言葉を交わす機会は少なかった。だが、収録中の菊五郎の所作は印象的であった。

「静御前の出番はそれほど多くはなかったのですが、主人の仕事ぶりを見ていて、映画の俳優さんとは違うなと思いました。おっとりとして泰然自若というか、ゆったりしているんですね」

「源義経」の収録が「三分の二ぐらい進んだころ」、雑誌の表紙撮影のため、スタジオ以外で顔を合わす機会があった。

「当時はボウリングがブームでした。主人から、『やるの』と聞かれたので、『やります』と答えたら、『今度行きましょうか』というお話になりました。それが初めてのお誘いだったと思います」と富司。

かくして交際が始まった。

「義経のたたずまいが魅力的で、この人はすごい役者さんになるのでは、と思っていました。小さいころからの、いろいろな芸事の積み重ねだったのかはわかりませんが、ちょっと重みが違うと感じました」と富司。

「大河ドラマの収録が終わるころには、一緒になろうと決めていました。気が合いましたね。お互いに尊敬に近い気持ちを持ち合っていました」と菊五郎。

京都住まいの富司を車に乗せてナイトフライトで帰る羽田空港まで送ることもあった。「舞台が休みの月には夜中に車を運転して京都まで行きました。まだ長距離トラックも少なかったから、すいすい走れましたよ。それで二，三日遊んでまた帰る。あまり人目につかなかったと思います」と菊五郎。

「大きなアメリカ製の車に乗って、よく事故も起こさずに京都まで来たなと思いました」と富司。

携帯電話などない時代で、舞台出演中の連絡手段は固定電話しかない。旧歌舞伎座の楽屋二階には共同利用の赤電話が置かれていた。

「『旦那、富士銀行（現在のみずほ銀行）から電話です』と呼ばれて出たら、藤純子（富司純子）だったことがありました」と菊五郎は笑いながら振り返る。いわずもがなだが「ふじじゅんこ」と「ふじぎんこう」の聞き違いである。

そうこうするうち約三年が過ぎた。その間に富司は「緋牡丹博徒」シリーズなどの主演作を持つ日本映画界屈指の大スターとなっていた。

ある日、梅幸邸で富司も一緒に食卓を囲んでいた時、菊五郎の母・珠子から「あなた方、どうするの」と問いかけられた。

「なんとなく『結婚します』と口から出ちゃった」と菊五郎。

珠子は「じゃあ、すぐに京都のお父様のところに行きなさい」と畳みかけた。

富司の父、俊藤浩滋（一九一六〜二〇〇一年）は、高倉健の「日本俠客伝」や「緋牡丹博徒」シリーズなど任俠映画のヒット作を多く生み出した東映の大プロデューサーであった。

「お父さんの自宅で結婚したいと挨拶をしたら、『三年待ってくれ』と言われました」と菊五郎。

結婚と同時の映画界引退が富司の意向であった。東映としてはドル箱スターに辞められては困る。俊藤はなんとか先延ばしをしようとはかったのだ。

「歌舞伎役者にとり、三年なんて大した長さではないんですよ。三年付き合って、三年待ち、やっと結婚させてもらえるかと思ったら、父に『もう一年待ってくれ』と頼まれました。延ばすうちにやめちゃうだろうというのが父の狙いだったようですが、あの人（菊五郎）は何とも思っていなかったみたいです」と富司。

菊五郎は「源義経」の後は山手樹一郎原作のお家騒動物の小説をテレビドラマ化した「桃太郎侍」（日本テレビ系、一九六七、六八年）に主演し、村上元三原作の映画「佐々木小次郎」（稲垣浩監督、一九六七年公開）では小次郎を演じた。

「『佐々木小次郎』は（四代中村）雀右衛門の兄さんが（七代）大谷友右衛門時代に主演して大ヒットした作品でしたが、私の出演作はお兄さんの時のようにはヒットしませんでした。その後は大河ドラマでは『樅の木は残った』（一九七〇年）、『獅子の時代』（一九八〇年）など、民放では『弥次喜多隠密道中』（日本テレビ系・一九七一、七二年）、『半七捕物帳』（テレビ朝日系・一九七九年）にも出ました」

ちなみにテレビのバラエティ番組は出演こそしないものの、見るのは好きだという。

「お笑いの方たちはすごいと思いますよ。ボケ、突っ込み、いびられキャラなど自分のキャラクターをしっかりと守りながら対応している。自分がその場にいて質問をされたら絶対に答えられません。恥部をさらけ出さなければ面白くない。私にはできないし、むかないと思います」

テレビの時代物を京都・太秦の東映撮影所で撮影中には、菊五郎劇団出身の映画スターで、テレビでも「銭形平次」（フジテレビ系・一九六六～一九八四年）というヒットシリーズを持つ大川橋蔵と旧交を温めた。

橋蔵は一九六七年十二月から一九八二年十二月まで、ほぼ毎年のように歌舞伎座で「大川橋蔵特別公演」を行っていた。

「映画界に行かれましたが、お芝居がお好きでした。『撮影所で困ったことがあったら何でも言って』とおっしゃってくださいました」

京都での菊五郎のテレビ撮影と梅幸の南座出演が重なったことがあった。

「おやじに誘われて先斗町（ぽんとちょう）で飲んでいると、『富成（橋蔵の本名）さんも連れて来い』と言い出しました。先斗町の芸者さんの指導には、我が家とゆかりのある日本舞踊の尾上流が入っているので、芸者さんもみんな来てくれて大騒ぎになりました。橋蔵さんはあまりお酒を飲めない方なのに、その時はつい過ごされて、あくる日は二日酔いで具合が悪くなった。撮影ができずに一日つぶれた『銭形平次』のスタッフから『あんたが飲ませるから、大将（橋蔵）がこんなになって撮影ができなくなった』と怒られました」

橋蔵が五十五歳の若さで没したのは一九八四年十二月のことであった。

菊五郎の当たり役として誰もがあげるのは黙阿弥作「青砥稿花紅彩画」の弁天小僧菊之助だろう。「白浪五人男」あるいは「弁天娘女男白浪」という題の方が、通りがいいかもしれない。

「これまでに千回ぐらい演じているんじゃないかな」と菊五郎。

菊之助時代の一九六五年六月の東横ホール「若手歌舞伎」で初めて勤めた。「白浪」とは盗賊の意味。五人の盗賊が活躍する。

頭目の日本駄右衛門を九朗右衛門、一味の忠信利平を七代簑助（九代三津五郎）、南郷力丸を八代薪水（楽善）、赤星十三郎を市川銀之助（九代市川團蔵）が勤めた。

通して上演すれば、五人が仲間となる経緯も描かれるが、上演回数が多い人気場面は弁天小僧がゆすりを働く「浜松屋見世先」と五人が華やかな衣裳をまとって顔を揃える「稲瀬川勢揃い」の二場である。

弁天小僧は女装の盗賊。武家娘を装い、供侍に化けた南郷を連れて呉服店の浜松屋を訪れ、万引きと見せかけ、わざと叩かせた額の傷を盾にゆすりを働く。だが客の武士に見破られて正体を現す。その武士こそ駄右衛門で、すべては一味の計略であった。稲瀬川では五人の盗賊が顔を揃えてそれぞれに名乗りを上げ、捕り手と立ち廻る。

「やりたくて、やりたくてたまらなかった。菊之助襲名の時も、真っ先に連想したのは弁天小僧菊之助でした」と菊五郎。

初演は文久二（一八六二）年の江戸・市村座。十三代羽左衛門（五代菊五郎）が弁天小僧を勤めて当たり役とした。その後、子の六代菊五郎や十五代羽左衛門、さらに梅幸へと受け継がれた。

梅幸の初演は一九五二年四月の大阪歌舞伎座。「それまでにも父の（舞台）を見ていてだいたい覚えたところで、荒川さん（三代左團次）に直してもらった」と『梅と菊』にある。菊五郎は梅幸に教わった。

音羽屋の世話物の例に漏れず、小道具の扱い、周囲の動きなど、ひとつたりともおろそかにできない細かな手順がついている。

「それまでも舞台袖から弁天小僧の煙管や手ぬぐいの扱い、簪（かんざし）をどうやって取るかなどをよく見ていました」

翌年の一九六六年七月には早くも歌舞伎座で再演された。五人男の配役が南郷が五代男女蔵（四代左團次）に変わった以外は東横ホールとほぼ同じなのは、各役が評価されてのことであったろう。

演劇評論家の志野葉太郎は「菊之助の弁天が技巧的に未熟なのは年令的に当り前としても、初々しくおだやかな役者振りが嬉しく、色若衆の味のあるのも面白かった」（『演劇界』一九六六年八月号）と評した。

劇作家の野口達二が後に、その二回の弁天小僧を比較した興味深い文章を残している。「弁天小僧の役は、襲名の翌月の東横劇場（当時東横ホール）でつとめてはいるが、それは、よく父に学んだ……という舞台で、それ以上のものではなかった。（中略）だが、翌年七月の前記の舞台は、少々異なっていた。その変わりようは、父・梅幸に欠けている、退廃した不良少年の味をちらと匂わせたことである」（『現代若手歌舞伎俳優集・6　尾上菊之助』日藝出版）

それまでの菊五郎は女方が主体であった。

「ですから、前半の娘姿は苦労しませんでした。初演の時は、（男性と見破られる）『見顕し』になってから、ちょっとずつ自分の声が高いなと思いました。ビデオもないころで、初日から三日目ぐらいまでの音声をテープに録音して何度も聞き直しました」

ゆすりに失敗した弁天小僧は正体を現し、帯を解いて下着姿になって居直る。

「長襦袢をぽんとめくるんですけれどね。おやじは女方だから、そこがちょっと弱いんですよ」

どんな弁天小僧にしたらいいのかと考えあぐねていた時にアドバイスをくれたのが、二代松緑であった。一九六七年五月、大阪・新歌舞伎座で三回目に弁天小僧を演じた際に二代松緑は駄右衛門を演じていた。

「紀尾井町のおじさん（二代松緑）は私の演技を後ろから見ていました。『それもありだよ。誠ちゃん（梅幸の本名の誠三から）は女方なので、美人局の弁天小僧。ひーすけ（菊五郎）は、不良の威勢のいい弁天小僧だから、もっとぱんと長襦袢をめくってあぐらをかいて構わないよ』と助言してくださいました」

二代松緑は、弁天小僧を得意とした六代菊五郎の教えを受け、梅幸や実兄・九代海老蔵（十一代團十郎）の弁天小僧でも駄右衛門を勤めていた。それだけに、その言葉は菊五郎が自身の方向性を定めるうえでもありがたかった。

弁天小僧はふてぶてしく振る舞い、煙管で煙草をふかそうとする。玉島逸当と名乗る駄右衛門は、そこで「定めて名ある盗賊ならん」と話をふる。「それじゃあお前たちは、わっちらを知らねえのか」と弁天小僧はうそぶき、浜松屋の使用人たちが、「どこの馬の骨だか、知るものか」と応じる。

「どこで煙草の葉を煙管に詰め、どこで火をつけるかも決まっています。それを前の場面から自然に運ばなければいけません」

前に置いた煙草盆を煙管で音を立てて叩いてから口にするのが、「知らざあ言って聞かせやしょう」から始まる名台詞だ。

「手順が細かくついているので初演からスムーズに行きました。浜松屋の番頭とのやりとりも、にらみつけるようにするなど、これまで自分でいろいろ工夫を重ねて作ってきました」

美しい娘姿から男の正体を現すのが見せ場にもなる。

「立役の部分が良くなると女方が気になるし、女方を一所懸命にやると、今度は立役が気になってくる。三十代まではは勢いでやっていましたが、四十代になって、『これでお客さんが喜んでいるのか、通じているのか』と考え込んでしまいました。世話物は相手によっても変化します。言葉のキャッチボールがうまく行かず、自分のやり方が悪いのかと深みにはまったこともあります。若い人に、『前にお客様がいることをわかっているのか』と口にすることがありますが、自分も若い時はそうだったんだろうなと思います」

番頭は三代薪蔵、利根川金十郎（一八九七〜一九八五年）、市村鶴蔵（一九二四〜二〇一五年）らが勤めた。

「みんな番頭さんをやらせたら右に出る人がいない。弁天小僧は番頭さんに煙草盆を持ってこさせます。その時に煙草盆をあまり近くに置かれると煙管で引き寄せる形がうまく極まらない。かといって遠くに置かれ過ぎると手を伸ばさなければならない。万引きと見せかける緋鹿子（ひがのこ）もちょうどいい場所に置いてもらうと気持ちがいい。番頭さんは、あまり立派ではだめで、ちょっと女方の柔らかな線もいります。ただ、そんな皆さんでも、他の役がいいかというと、そうでもなかったりするんですけれどね」

煙管は自前で、十数本所蔵しているという。

苦労したのは「浜松屋見世先」の幕切れ。弁天小僧は供侍に化けていた相棒の南郷力丸と花道を入る。女装の際に着ていた娘の衣裳と南郷の差してきた大小の刀をまとめたものを、どちらが持つかのやりとりがある。捨て台詞と言って、台本にはない、それぞれの俳優が工夫する台詞だ。

「今は何となく普通に言えちゃいますが、最初のころは捨て台詞がとても難しかったですね」

一九七一年三月の国立劇場大劇場で初めて「青砥稿花紅彩画」の通し上演で弁天小僧を勤めた。悪事が露見し、「極楽寺山門」で捕り手に囲まれた弁天小僧は激しい立ち廻りの末に極楽寺の屋根の上で立ち腹（立ったまま腹を切る）を切って壮絶な最期を遂げる。抜き身を下げた弁天小僧に十手を持った捕り手がかかる。弁天小僧に切られた捕り手の何人かはトンボを返って屋根から姿を消す。この時に話題となったのが、八重之助と梅祐がトンボを返ったことだ。

八重之助は一九〇九年生まれ。菊五郎劇団所属の名タテ師で、現在の「蘭平物狂」の見事な立ち廻りを考案した。

梅祐は一九一三年生まれ。菊五郎の幼き日に化粧をしてくれた立役で立ち廻りの名手であった。六十代の八重之助と五十代の梅祐入魂のトンボであった。

「初めて私が通して弁天小僧を演じるので、八重之助さんは、『おい、最後に返ろうよ』と梅祐さんに言って二人で特別に出てくれました。八重之助さん最後のトンボでした」

弁天は「小僧」と呼ばれるような年齢の役である。

「若いころはそのまんまでした。でもそのまんまがあまり良くないんだよね。そこが芝居の面白いところ。台詞は体に入ってしまっているのか意識することはなくなりましたが、五十代になると芝居よりも肉体的な若さを意識するようになりました。十六、七歳の人間になりきらないといけません。きれいな形に見せようとすると腰が痛い。衣裳が似合うように、美しいお嬢さんに見えるようにしたい。演じる前には酒を断ち、食事を控えてダイエットもします。五キロぐらい落とすときれいになったと言われます。他の役もそうですが、弁天小僧は立つのでもさっと立つ。『どっこいしょ』になってはいけません」

客席からはうかがいしれない苦労である。

花子　お嬢吉三　弥生

「三之助」時代の主要な活躍の場は、東京・渋谷の東急百貨店内にあった東横ホール（後の東横劇場）であった。

「東横歌舞伎」と言われた同劇場での公演で、菊五郎は大役を多く勤めた。

同劇場で初演した舞踊に「京鹿子娘道成寺」（一九六七年一、二月）がある。女方舞踊の最高峰で、六代菊五郎、梅幸も得意とした菊五郎家では大切な演目だ。

修行僧の安珍が彼を恋する清姫に追われて逃げ込んだ道成寺で蛇体に変じた清姫により鐘ごと焼き殺されたという「安珍清姫伝説」に題材をとった能「道成寺」がもとである。

宝暦三（一七五三）年に初演された。

紀州（和歌山県）の道成寺に新しい鐘が奉納された日に鐘を拝ませて欲しいと白拍子花子が訪れる。僧の求めに応じて娘のさまざまな姿を踊りで見せるうちに花子は蛇体に変じる。その正体は清姫の霊であった。

それまで、梅幸の花子で所化（僧）に多く出演し、舞台を一心に見つめていた。

「絶対にいつかやろうと思っていました」

梅幸に細かな指導を受けた。菊五郎によれば教え下手だったという梅幸だが、「『道成寺』の時は長いこと稽古をしてくれました」。

通して踊れば、一時間近い大曲である。花道から登場する「道行」、頭に烏帽子を付け、中啓（扇子）を手にした「金冠」「手踊り」、鞠つきのようすを見せる「鞠唄」、笠を持った「花笠」、手ぬぐいを使う「恋の手習」、山の名を詠み込んだ詞章に合わせて羯鼓を打ち鳴らす「山づくし」、鈴の入った振り鼓を用いる「鈴太鼓」など衣裳を変えながら踊りぬく。

「自宅で日に四、五回踊る稽古を十日間ぐらい続けたこともありました。本番では衣裳替えの時間がありますが、そこを全部切り、踊りのところだけ演奏を繋ぎ合わせて振りを学びました。浴衣姿での稽古から始まり、進んでくると振袖を着たり、小道具を使ったりしました。全部難しいのですが、若いころは、『恋の手習』が一番手強かったです」

「恋の手習」は、「恋の手習つい見習いて　誰に見しょとて紅鉄漿つきょぞ」という長唄の詞章に乗せて恋心をしっとりと表現する。

「ゆっくりとした中で、大変に体を使います。お客様のことなど考えずに無我夢中で踊りましたが、それではだめなんですよね」

二か月続きの上演で、一月は「金冠」、二月は「道行」から勤めた。

作家の竹田真砂子は、どちらの公演も見ていた。

「『道行』で、花子が出てきた途端、『ハー』というため息のようなうねりが場内を揺るがしました。あんなジワ（嘆声）を聞いたのは、後にも先にもあの時だけです。どこか未熟さの残る品位と確実な芸への挑戦が感じられる美の権化でした」と当時の様子を証言してくれた。

次に「娘道成寺」を勤めたのは一九七三年十月、歌舞伎座の「七代目尾上菊五郎襲名披露」公演で、その後も回数を重ねた。

「重要なのはお客様がどう感じるかです。そこまで考えないといけない。ですが、そうしているうちに今度は体が動かなくなる。悲しいものですよ。五十歳から六十歳ぐらいまでですね。『娘道成寺』以外の舞踊や芝居をいろいろと演じていくうちに、『これでは、お客様に納得していただけない』とわかってきます。すると気持ちがいっぺん落ち込み、手も足も出なくなる。どの芝居でも同じことです。もちろん今でも落ち込むことがありますよ。まだ脱していない。この仕事に終わりなんてありません」

東横ホールは一九六七年十月に東横劇場と改称された。そこで一九六八年一月に催された「寿新春若手歌舞伎公演」で、菊之助は「三人吉三巴白浪　大川端」のお嬢吉三を勤めた。六代新之助（十二代團十郎）の和尚吉三、初代辰之助のお坊吉三の配役であった。

安政七（一八六〇）年初演の黙阿弥作品。吉三と名乗る三人の盗賊が主になり、通せば七幕十三場の長編だが、この時は三人の吉三が義兄弟の契りを結ぶ「大川端」のみの上演であった。

女装の盗賊お嬢吉三は菊五郎の当たり役のひとつとなる。奪った刀を手にしての「月も朧に白魚の」から始まる名台詞は歌舞伎好きにはおなじみだ。

「この当時は『三人吉三』が通しで上演されることは少なく、『大川端』だけが普通でしたから、お客さんに気持ちよく見せる芝居のような気がしていました」

後を続けると名刀にまつわる因果話になる。

「ドロドロの話になります。今の若い俳優はみんな知っているから、後の筋を考えてしまう。だから逆に『大川端』が派手な芝居ではなくなりましたよね」

お嬢吉三が手に入れた百両の金を駕籠から降りたお坊吉三が自分に貸せと迫る。名乗りを上げて白刃を交えた両者の間に花道から現れた和尚吉三が割って入り、二人の刀の上に自身の着ていた袢纏を掛けて止める。庚申堂を背に、下手のお嬢吉三、上手のお坊吉三が腰を落として白刃を伸ばし、中央に和尚吉三が立つ絵になる場面だ。

「この時に、お嬢吉三とお坊吉三は下に刀をぴたっと付けて極まります。この形が本当に辛い。ことにお嬢吉三は女の姿なので、帯があるから胸が苦しくなる。今は刀を浮かしたままの人が多いですが、下まで付けた方が形がいい。人から聞かれれば『本当はこうだ』と教えます。浮かした方が体は楽ですけれどね」

客席から見て絵になる形は、演じる側には辛いことが多い。

「弁天小僧でも『源氏店』の与三郎でも背筋がピンとしていなければならない。一か月の興行が終わるころには、体がメリメリいうほどです。『勧進帳』の富樫もピンと背筋を伸ばしているから辛い。お客さんに真横を見られるでしょ」

一九六九年一月の東横劇場「初春歌舞伎公演」では「春興鏡獅子」の女小姓弥生と獅子の精を踊った。その前年の一九六八年七月に国立劇場小劇場で催した自主公演の「菊之助の会」で初めて勤めた役であった。

一八九三年に九代團十郎により初演された舞踊で、「新歌舞伎十八番」に数えられる。江戸時代の「枕獅子」の書き換えで、福地桜痴作詞だ。

千代田城の鏡曳(ひ)きの日に将軍の前に引き出された大奥の女小姓弥生が舞を見せる。祭壇に備えられた獅子頭を手に取って舞ううちに、獅子の精に取りつかれた弥生は花道から揚(あげ)幕(まく)に入る。後シテは獅子の精として花道から登場する。

これも六代菊五郎が得意とした舞踊だ。

「父と藤間宗家(二世勘祖)に教わりました。父は浴衣一枚になった私が踊るのを見ているだけ。例によって『もう一回、もう一回』と同じところを繰り返し踊らされ、普通の娘のようになってしまうのを注意されました。弥生は千代田城に仕える女小姓で、『正面で将軍様が見ておられるんだ』と言われました。『娘道成寺』のように引っ込むことがありません。『人目の関のわかれ坂』でしゅーっと足を縮め、裾を踏まえる格好などとても辛い。お客様にはわからない隠し芸のような所作がたくさんあります。『早乙女がござればば』では田植えをする振りをしますが、かといって振りばかりを気にしてもいけません」

「咲乱れたる風に香のある花の浪」の詞章からは二本の扇を操る二枚扇の振りになる。

「二枚扇になると『もう一段ギアをあげる』と父にも宗家にも言われました。獅子頭を手に持つようになってからは獅子に気を使いながらも女小姓でいなければならない。難しいですよね」

後シテでは白頭の獅子になって登場する。

前シテは女小姓で後半は勇壮な獅子。姿はがらりと変わる。

「女小姓の間はもちろんですが、獅子になっても気品が必要と言われます。あまりバタバタやってはいけない、ということなんですよ」

後シテの獅子が毛を振るのも大きな見せ場となる。毛を回転させる「巴(ともえ)」、毛を8の字を描くように振る「菖蒲(しょうぶ)打ち」などの振り方を見せる。

「丸く振る『巴』と『菖蒲打ち』では振り方が違います。腰から振ります。藤間宗家はあまり細かくおっしゃらない方でした。その時点の私に言ってもしようがないと思われたのかもしれません。お稽古は十分ぐらいで終わって、その後のお話が長かった。六代目（菊五郎）の祖父の話を一時間ぐらいしていただいたこともあります」

絶間姫　時姫　お園

同じ公演では「鳴神（なるかみ）」の雲の絶間姫（たえまひめ）も勤めた。

寛保二（一七四二）年初演の「雷神不動北山桜（なるかみふどうきたやまざくら）」の一部で團十郎家の「家の芸」である「歌舞伎十八番」に数えられる。

皇子誕生の祈禱（きとう）を成功させたにもかかわらず、約束の堂宇建立が果たされなかったことを怒った鳴神上人（しょうにん）が龍神を封じ込めたため、都は干ばつに陥った。朝廷は雲の絶間姫に上人を堕落させるように命じた。絶間姫は北山の岩屋に出家志望と偽り上人を訪ねて誘惑し、酒に弱い上人が酔っている間に龍神を解き放つ。

絶間姫は登場してすぐの花道で舞台にいる上人と会話を交わす。上人は六代新之助（十二代團十郎）であった。

「おやじに教わりました。花道でのやりとりなど、しどころが多い役で面白かったですね。ただ、私は立役をやりたいと思うような質でもあまり色気がなかったから、團十郎君もやり難かったんじゃないかな」

東横ホール（劇場）を主な活動の場としていた当時のことを菊五郎は、演劇評論家の萩原雪夫のインタビューで、「父のそばにいりゃ、だれかがかばってくれますけどね、おっぽり出されたら、だれもかばってくれませんから、自分のからだを自分でかばって、二十五日間、ベストにもっていかないとね。これも修業になりました」（『現代若手歌舞伎俳優集・6　尾上菊之助』）と語っている。同書は一九七三年刊。

当時を振り返った、もうひとつのインタビューがある。初代辰之助、十代海老蔵（十二代團十郎）との座談会形式で、聞き手は土岐迪子。

「東横ホール時代は、僕は楽しくなかった、芝居することがね」（演劇界増刊『歌舞伎の花形』演劇出版社）と答えている。こちらは一九七七年刊。

現在の菊五郎に真意を尋ねてみた。

「人気はありましたけれどね。まだ勉強したりていないのに、会社から『あれやれ、これやれ』と言われ、いろんな役をやらされてもね、つかみどころがないんだ。いい思い出はないですね」

「三之助」の顔合わせでの、東横劇場以外での舞台に一九六八年二月、歌舞伎座の「菊五郎劇団結成二十周年記念、二月大歌舞伎」での「鎌倉三代記　絹川村閑居」がある。

菊五郎が時姫、六代新之助（十二代團十郎）が三浦之助、初代辰之助が高綱を演じた。時姫は「十種香」の八重垣姫、「金閣寺」の雪姫と合せて「三姫」と呼ばれる姫役の大物だ。

父と敵対する婚約者・三浦之助の母・長門を絹川村の住まいで看病していた北條時政の娘・時姫は三浦之助から結婚したいなら、時政の首を取れと言われる。それを盗み聞いた時政の家来を、井戸から現れた佐々木高綱が殺害する。

「手も足も出ませんでした。『北條時政、討ってさしあげましょう』と台詞で言うところは、感情を込められるので少し楽ですけれどね。晩年の京屋のおじさん（四代雀右衛門）の時姫で三浦之助を勤めた時（二〇〇四年一月歌舞伎座）に、おじさんのこってりとした時姫を見て、『ああ、これなんだな』と思いました」

その公演中には思い出に残る出来事があった。三代左團次が楽屋に入ってくるなり、「おい、亨（初代辰之助）、歌舞伎をなめるんじゃねえぞ」と怒ったように口にして出ていったのだ。

藤三郎という農民に化けていた高綱は井戸から登場する時に初めて正体を現す。

「難しい役です。『もっと勉強しろ』という意味だったんでしょうね」

一九六八年七月の「菊之助の会」では「彦山権現誓助剱　毛谷村」のお園を勤め、翌月の巡業でも「三人吉三」のお嬢吉三とお園を演じた。

「彦山権現誓助剱」は、天明六（一七八六）年に人形浄瑠璃で初演された作品で、歌舞伎では「毛谷村」単独での上演が多い。

お園の父で郡家の剣術指南・吉岡一味斎は同家中の京極内匠に闇討ちにされる。敵討ちに出たお園は父の定めた婚約者の六助と毛谷村で巡り合う。六助は、親孝行のために試合に負けて欲しいと浪人者に頼まれ、仕官の口がかかった勝ちを譲っていた。その浪人こそ京極内匠であることがわかる。

お園は武芸に優れた女性で、最初は六助を敵と誤解して切りかかるが、婚約者であるとわかった途端に愛らしさを見せる。

「多賀之丞さんに教わりました。小芝居からいらした方なので、いろんなことをご存知でした。お住まいの鎌倉から二本榎の父の家まで来てくださいました。足袋を隠れて脱ぐんだとか、細かいことを教えてくださいました」

お園は男を装い虚無僧姿で花道から登場する。

「花道は男でいいんです。そうしないと舞台で六助の顔を見て女性に戻るところとの変化がきかなくなります。多賀之丞さんには『嫗山姥（こもちやまんば）』も教えていただきました」

第三章

芝居の命

七代目菊五郎の襲名を発表する菊之助と梅幸
（1972年10月23日、東京・銀座、東急ホテル）©毎日新聞社

訪米公演での菊之助

海外公演騒動

歌舞伎座が一九五一年に再開場すると、興行会社の松竹は一九五五年の中国公演を皮切りに歌舞伎を紹介する海外公演を積極的に行うようになった。

菊五郎の海外公演初参加は一九六五年十月の「訪欧歌舞伎使節」で、西独の西ベルリン、パリ、リスボンをまわった。梅幸、十七代勘三郎らが中心で、菊五郎は「忠臣蔵」の大星力弥、「鏡獅子」の胡蝶（小姓弥生後に獅子の精は十七代勘三郎）などを勤めた。

「団長が岸信介元首相で、町の中でばったり会ったら、『坊や、楽しんでいるか』と言って五十ドルをくれました。一ドル三百六十円の時代ですから嬉しかったですね」

梅幸は「娘道成寺」の花子を踊った。

「蛇体に変じての鐘入りの際に、鐘がいつものように徐々にではなくダダーンと音を立てておやじの裾の横に落ちたことがありました。現地の労働組合の関係で日本人スタッフが手を出せず、歌舞伎風に静かに落とすことができなかったんです。さすがにあくる日から担当者が代わったので、『ここまできたら、こう落とす』と丁寧に説明をしました」

その次が一九六七年三月の米・ハワイ公演で、やはり梅幸、十七代勘三郎が中心であった。菊五郎は「弁天娘女男白浪」の赤星十三郎（弁天小僧は梅幸）、「俊寛」の千鳥（俊寛は十七代勘三郎）、「紅葉狩」の山神（更科姫実は鬼女は梅幸）を勤めた。

三回目の参加が一九六九年九、十月の「訪米歌舞伎公演」。安保条約改定期（一九七〇年）を前に、日本の代表的古典芸能の歌舞伎を紹介するのが目的であった。

岸元首相を団長に九月八日に日本を発ち、ニューヨーク、シカゴ、ロサンゼルス、サンフランシスコで公演し、十月二十二日に帰国した。

梅幸、二代松緑をはじめとする菊五郎劇団が中心で、菊五郎は「忠臣蔵」の顔世御前、「鏡獅子」の胡蝶、「熊谷陣屋」の相模、「紅葉狩」の野菊という女方主体の四役を勤めた。

公演は好評だったが、アクシデントもあった。ロサンゼルスでは、「紅葉狩」で梅幸の鬼女に変じてからの衣裳が盗まれた。

「しかたないので、お姫様の格好で鬘だけ鬼女にして出ました。すごみがありませんでした」と菊五郎。

「当時は盗難も多かったです。ある時など、劇場に着いた途端に（鬘などを担当する）床山のトランクがこじ開けられ、非常階段に逃げた形跡がありました。途中には龍角散の粉が散らばっていました。白い粉なので麻薬と勘違いして盗もうとしたようです。ホテルでもスタッフと泥棒が通じていたらしく、部屋にあった革のコートを二枚盗られ、クリーニングに出したワイシャツは戻ってきませんでした」

「鏡獅子」の胡蝶は当初予定されていなかった。ところが四代菊十郎と二人で踊るはずであったもう一人の俳優が、やりたくないと言い出した。

「『じゃあ、私が踊ります』と申し出て、私と菊十郎さんで踊ることになりました。父の獅子の精より私の方が背が高いので足腰を折らねばならず、くたびれました」

菊之助の美しい女方姿を見て女性と思い込んだ観客も多かったらしい。

梅幸は「菊之助なんかは、すっかり〝女〟に思われていました。裏方の人のなかには、『彼女とデートしようかな』と本気でウワサしあっていたほどですから……、手紙もきました。これには『ミス・キクノスケ』なんてねえ」（季刊雑誌『歌舞伎』第七号）と語っている。

「大道具を担当した米国人男性から、かなり危なそうな店に『一緒に飲みに行こう』と誘われました。ちょうど日本から知り合いの銀座のクラブの女性が見に来ていたので、『連れていっていいか』と聞いたら嫌な顔をされて難を逃れました。女性が行ってはいけない種類の店だったようです」

ベトナム戦争の最中で既存の価値観に反旗を翻すヒッピー文化の最盛期でもあった。サンフランシスコのカーラン・シアターでは隣の劇場でヒッピーが登場する人気反戦ミュージカル「ヘアー」が上演されていた。

「『熊谷陣屋』が戦争の悲惨さを描いた反戦劇だというので、『ヘアー』の出演者のヒッピーたちが見に来ました。彼らに誘われ、（初代）辰之助とヒッピー村に行きました。四階建てぐらいの一軒家の中に入ると、みんな素っ裸で、お香とマリファナらしい匂いが漂っていた。あやしい8ミリ映画は見せられるし、早々に逃げ出しました」

サンフランシスコでは時間が空き、空腹のまま初代辰之助と町を歩いていると、老夫婦に声をかけられた。

「『一緒に来なさい』と誘われ、行列にお皿を持たされて並んだら、煮物とパンをくれました。救済事業の列でした」

遠来の歌舞伎俳優は珍しがられ、いろいろなところから誘いの声がかかった。

「大体は公演に参加していた米国在住経験があって知人も多く英語がベラベラの九朗右衛門のおじの手引きでした。ある時は（初代）辰之助とマンションの一室に連れて行かれ、スポンジボールみたいなのがいっぱい入った木の桶（おけ）にネグリジェみたいなのに着替えさせられて入り、クリームを付けられ、『これが未来のセックスだ』と説明を受けました」

若手歌舞伎俳優がヒッピーと交流して感化されたという大げさな情報が日本に伝わり、帰国後もちょっとした騒動になった。

「髪をのばして帰国したら、テレビの座談会番組で、『歌舞伎役者があんな格好をしてけしからん』と非難されました。紀尾井町のおじさん（二代松緑）が怒ってね。『それじゃあ、髪の長い女性は芝居で鬘をかぶれないのか』と反論し、子供の喧嘩に親が出たような形になりました」

「三之助」の時代は一九六九年に六代新之助の十代海老蔵襲名で終わりを告げた。だが三人が主軸となる舞台は、その後も続いた。

そうなれば、十代海老蔵（十二代團十郎）も初代辰之助も立役が本領なので、菊五郎が相手役の女方を勤めることになる。菊五郎は立役志向の思いを胸に秘めて舞台に立ち続けた。

「会社は、お父さんがやっているのだから女方を、という程度の考えだったのでしょう。父も私を女方に育てようとしていました。それでいきなり私が立役をやりたいと言っても通るものではありません。通らないことを口に出してもしょうがない。（十代）海老蔵と（初代）辰之助がいるというバランスを私のわがままで崩したら、できなくなる狂言も多いだろうと思いました。私も女方の大切さはよくわかっていました」

菊五郎劇団をまとめるために、自分が一歩引くというのが梅幸の身の処し方であった。

「私にもそういう父の血が入っているのかな。根回しもします。『この役をやりたい』というのではなく、自分がこの役をするとしたら、周囲に誰が出られるかをまず考える。この芝居を出しても、『あの役とあの役の俳優が不足するな』と思ったら黙っています。芝居を面白くする方が先決。今でもそうです。割と辛抱強いんですよ」

三人の性格は異なった。

「（十二代）團十郎はおっとりとし、（初代）辰之助は少しピリピリして、いわばミニ松緑。彼は言いたいことを口にできていいなと思いました。先輩がまだまだ元気で、僕たちの年代ではあまり勝手なことは言えませんでした」

東横歌舞伎に出演していたころ、独身であった三人はスケジュールを合わせ、米領グアム島にコテージを借りて二週間滞在し、三人で一部屋に宿泊した。ただし、その時の写真は一枚もない。

「カメラを持ってきたのは夏雄（十二代團十郎の本名）だけ。『せっかくだからどこかで写真を撮ろうか』と言ったら、『部屋に忘れてきた。傘なら持ってきた』『なんで傘だけ持っているんだよ』。食事は自分たちで作ったり、ホテルで食べたり。紀尾井町のおじさんが料理をよくしたので、亨（辰之助）も料理上手でしたが夏雄も私も下手なので、ただ焼くだけのバーベキューみたいなのが多かったな」

ベトナム戦争の最中であった。グアム島には米軍基地がある。出撃するB52爆撃機の機影が時おり横切る砂浜で、泳ぎ疲れて寝転がっていた三人は、近づいてきた見知らぬ男性に、「パーティをやるから来ないか」と声をかけられた。

「『ヤングガール？』（若い女性は参加するかという意味）と聞いたら、『オー、イエス、メニーヤングガール（女性がいっぱいいるよ、という意味）』というので、三人で喜んでついて行きました」

そこは牧師の家だった。

「庭に地元の小さな子がたくさんいてね。それがヤングガール。仕方ないから、私と亨で子供たちと鬼ごっこをしました。すると、『さくら、さくら』と野太い歌声が聞こえてくる。夏雄が子供たちに『さくら』を教えていました。牧師は私たちを子供と遊ばせようとしたんでしょう」

数日後、同じ男性に海岸で再び声をかけられた。

「もう行くもんか、と言いました」

「絶対に離婚はしません」

菊之助（菊五郎）と東映の誇る人気映画スター、藤純子（富司純子）の婚約発表会見は一九七一年十一月九日に銀座の東急ホテルで岡田茂東映社長、永山雅啓（武臣）松竹常務取締役の立ち合いのもと行われ、約二百人のマスコミ関係者が押し寄せた。藤はその場で映画界引退を発表した。

「緋牡丹博徒」「日本女侠伝」などの人気シリーズを持つ東映の看板俳優の藤は、一九七〇年度だけでも主演映画が十五億円の興行収入を上げていた。当然ながら惜しむ声も多かったが、結婚したいと口にしてから約六年。映画プロデューサーの父、俊藤浩滋の懇願で、先延ばしにされていただけに二人の意思は固かった。

「これ以上待たされるのは嫌だと思いました。父からは『婚約発表で引退するとか絶対に言うな』と命じられていましたが、もう映画に引き戻されたくないと思って『引退します』と口にしました」と富司。

演じた役の多くは任侠の世界に生きる女性。観客はその美しさと強さに陶酔した。

「同じような映画で同じような役ばかりをさせられ、『このまま年を取ってしまうんだ、嫌だわ』と思っていました。もう仕事をする気もありませんでした。それよりも、『この人（菊五郎）は絶対に大きな役者になるだろう。支えになり、立派な役者になってもらえるようにつとめたい』と考えました」

婚約会見の時点で菊之助は二十九歳、藤は二十五歳。若いころのインタビューで菊五郎は「三十歳までには結婚したい」と答えている。ほぼ予定通りであった。

「そうしないと子供を育てられないかもしれないと思いました。三十歳で子供が生まれたら、自分が五十歳の時に二十歳だと考えました。子供が初舞台の時に自分が何歳か、そういう計算をしていました」と菊五郎。

結婚式は一九七二年三月三十日にホテルオークラ（東京都港区）で当時のフジテレビ社長・鹿内信隆夫妻の媒酌で行われた。披露宴の前には揃っての記者会見が行われた。

「（菊之助は）彼女は二月末まで仕事があり、私は三月に国立劇場へ出ていて、その合間をぬって式の準備や披露宴の打ち合わせ、諸先輩へのあいさつなどをしました。こんな苦労をしたのは、はじめてです。二度としたくありません。離婚すれば、この苦労も水のアワですから、絶対に離婚はしません（笑）」（『菊之助と玉三郎　その人間的魅力』大木豊著・日本ロータリーセンター・出版局）と口にした。

披露宴の招待客は約六百人。六代歌右衛門、八代幸四郎（初代白鸚）、十七代勘三郎、二代松緑らの歌舞伎俳優、鶴田浩二、高倉健、勝新太郎らの映画俳優が顔を揃えた。

毎日新聞では「披露宴には松竹の演劇関係者や東映の映画関係者約六百人が出席したが、〝松竹側〟の手放しのよろこびぶりに対し〝東映側〟が結婚を祝福しながら〝引退〟を惜しんでいるのが対照的だった」とある。

新婦側祝辞で東映の看板俳優・片岡千恵蔵は「純子は、〝せっかく花を咲かせたとき、結婚引退なんて惜しいじゃないか〟という私に、〝先生、散ってこそ花ではないですか〟というのだ。散った花なら……どうか実を結んでほしいと思う」（『菊之助と玉三郎』）と述べた。

「そんな偉そうなことでも言わないと、結婚させてもらえないと思いました。何が何でも映画出演をやめたいという気持ちでした」と富司。

「高校時代ぐらいからガールフレンドはいっぱいいました。結婚を先延ばしにされた間に紹介された女性もいたし、正直なところ他の女性に目移りしかけたこともありましたが、やはり、かみさんが一番でした。あちらは大スターだったからね。それを歌舞伎界に持っていっちゃうわけだから、東映は手放したくないという気持ちがありありでした」と菊五郎。

結婚後、富司は驚きの連続であった。

「夫もまだ若く、芝居の出演料も多くなかったのに、毎月その倍くらいの額の請求書が銀座のクラブから届くんです。お母さま（菊五郎の母、珠子）に、『これ払えないんですけれど』と相談したら、月々援助してくださるようになりました」

長女で俳優の寺島しのぶは著書『体内時計』（主婦と生活社）に、「『役者には一切、お金のことを関知させないで』というのは、母が祖母から言われた言葉だ。お金のことをちまちまと気にしていると芸が小さくなってしまう、というのが、その理由らしい」と記している。

菊五郎も証言する。

「いまだに自分が幾ら給金を貰っているのか知りません。おふくろの『亭主に金銭面のことを話してはいけません』といううちの方針をかみさんが守っています。私は『すいません。遊びに行くからお小遣いをください』という立場です。キャッシュカードは持っていますが、それだとどこで使ったのか一目瞭然でしょ」

若手のころは、ひと月の公演で朝から晩まで複数の役を勤めることが多かった。

「たくさん出ていると、終演後も身体が興奮していて、まっすぐに帰宅する気になれず、どこかで一拍置きたくなるんです」が菊五郎の言い分だ。

「若いころは大変でした。京都の南座公演中に楽屋に行くと、祇園や先斗町のお店や、バーやスナックからお祝いの花がいっぱい届いている。『これ何軒も行くんだ』と思うと気が遠くなりそうでした」と富司。

「南座の公演で京都に行くと夜中に誘われることがよくありました。ある晩、『お兄さん、明け方のしゃぶしゃぶしましょうよ』と芸者さんから電話がかかって来ました。パジャマの上にコートをひっかけてマンションに行くと、ほかに芸者さんが二、三人いてね。みんなでしゃぶしゃぶを食べた後、うたたねをしてしまい、目が覚めたら朝になっていました。そろそろ芝居だから劇場にと思いましたが、考えてみるとコートの下はパジャマ。そのまま楽屋入りはできない。急いでタクシーを拾ってホテルに戻り、着替えて劇場に出かけました。もうそんなことは体力的にできません」

京都がらみでもう一つ。南座の顔見世歌舞伎は十一月末から十二月下旬まで行われるのが通常だ。

「クリスマスのころ、ホテルのロビーにツリーが飾られて周りにプレゼントのような箱がディスプレイされていることがあるでしょ。芸者さんが知らない間に、箱を下から持ってきて私が寝ている部屋に飾りつけてしまった。朝、目を覚ましたら、部屋中キラキラ。仕方ないので、フロントに電話して『すいません、私の部屋におたくの荷物があるんですが』と言いました。台車できて外してくれましたが、まさか芸者さんが勝手にやったとは言えないしねえ」

東京での舞台出演中にも、菊五郎は連絡なしに帰宅しないことがしばしばあった。

「心配していると、あくる日、ケロッとした顔をして帰ってくるんです。いつからか、傍(そば)にいる時だけが自分の夫で、ほかの時は歌舞伎俳優という仕事を持った人だと考えるようになりました。いろんな面があって、ひっくるめての寺嶋秀幸、菊五郎であるわけです。

役者としての魅力があったから、これまでついてこられたんだと思います」と富司。

若き日の思い出を紹介しよう。新婚夫婦はマンション住まいを始めた。

「マンションのエレベーターに乗ったら、もう自分の家のような気がし、全部洋服を脱いで玄関のブザーを押しました。かみさんがドアスコープを覗いたら、パンツ一丁で衣類を抱え込んだ私が廊下をうろうろしていた。あきれられました」

自宅玄関を入ったところで気力が途切れ、寝込んだこともあった。

「かみさんに起こされましたが寝ぼけて、『わかった。もう帰る』と思わず口にし、『あなた、どこに帰るの』と怒られました」と菊五郎。

時代が下り、一軒家住まいになってからは、犬小屋で一泊したこともあった。菊五郎は幼いころからの動物好きである。今は猫だが、当時は大型犬を飼っていた。

「いい気持ちで帰ってきたので、うちに入るよりも、犬をかわいがりたくなり、庭の犬小屋にいたレトリバーと遊んでいて、そのまま寝いり、気付いたら朝でした」

「家の芸」である『身替座禅』の世界を地で行っているという。

「ですが、最近は気があっても体が言うことをきかない。温泉にも夫婦二人でよく行くようになりました。夜になると土地の芸者さんを呼びます。『時間なのでもう帰ります』と言うから、『延長してもっといなさいよ』と引き留める。翌日かみさんが請求書を見て、

『あなた、芸者さんの花代の方が宿泊料より高いじゃないの』と。かみさんは酒が飲めないから、ばかばかしいという顔をして、大抵は早々に部屋に引き上げてマッサージを呼んで寝ています。かみさんと一緒なのに、すぐに忘れちゃって楽しくなってしまうんですよね」

近年に夫婦で沖縄旅行をした時のことだ。

「いい部屋で、ツインベッド以外にもうひとつ天蓋付きのベッドがありました。『こういうところに若い女の子と一緒に来たら最高だな』と思わず口にしたら、かみさんが『やれるもんならやってごらんなさい』って」

結婚生活は五十年を越えた。

大名跡襲名へ

結婚と同年の一九七二年十月二十三日、松竹から翌年十、十一月の歌舞伎座で「七代目菊五郎襲名披露」公演を行うことが発表された。

「自宅で父から『襲名することになった』、と知らされました。結婚が決まったのとどちらが先だったかな。話だけは先にありました」

それが、当時の大きな話題となった歌舞伎界屈指の大名跡襲名の幕開けであった。

「ずっと菊五郎を継ぎたいと思っていました。父に言われ、初めて実現するのだと思いました」と菊五郎は襲名話の持ち上がった当時のことを振り返った。

発表前から水面下で話は進んでいた。

襲名に合わせて一九七三年に出版された『演劇界臨時増刊　尾上菊五郎』（演劇出版社）のインタビューで、菊五郎は、「具体的になったのは一昨年かなあ。その二年位前一ぺんちょこッときいて、それっきり話がなくて、本当に具体的になったのは昨年八月ごろ」と答えている。

ここで菊五郎という名跡について紹介しよう。

初代（一七一七～一七八三年）は京都生まれで若女方として人気をえた後、寛保元（一七四一）年に二代海老蔵（二代團十郎）が江戸から大坂にのぼった時に同座した。同二年正月の「雷神不動北山桜」で海老蔵の鳴神で雲の絶間姫を勤めて評判を取り、江戸に出て女方から立役に比重を移した。「仮名手本忠臣蔵」の大星由良之助、戸無瀬（となせ）、早野勘平などを得意とした。菊五郎家の音羽屋の屋号は、初代の父・音羽屋半平に由来する。

二代（一七六九～一七八七年）は初代の子で女方だったが早逝した。

三代（一七八四～一八四九年）は初代尾上松助の養子で、初代尾上栄三郎から二代松助を襲名し、その後初代菊五郎の俳名であった梅幸を芸名とし、二代菊五郎没後は継ぐ者のなかった菊五郎を三代目として襲名した。美男で立役から女方までを演じた。とりわけ得意としたのが怪談物で、四世鶴屋南北作「東海道四谷怪談」のお岩を初演した。大川橋蔵の芸名を名乗ったこともある。六代菊五郎は三代菊五郎の曽孫（ひまご）にあたる。

四代（一八〇八～一八六〇年）は三代の娘婿で、尾上菊枝から三代栄三郎、四代梅幸を名乗り、菊五郎を四代目として襲名。女方をもっぱらとした。

五代（一八四四～一九〇三年）は十二代市村羽左衛門の次男で、母は三代菊五郎の娘。幼名は市村九郎右衛門。十三代羽左衛門の後に四代市村家橘を名乗り、菊五郎を五代目として襲名。菊五郎家の「家の芸」である「新古演劇十種」を制定した。幕末から明治にかけての劇界屈指の人気俳優で、芸を競い合った九代團十郎とあわせて「團菊」、あるいは初代左團次も入れて「團菊左」と呼ばれた。

六代（一八八五～一九四九年）は五代菊五郎の実子。明治から昭和までの劇界で名優として賞賛を集め、初代吉右衛門と「菊吉（きくきち）」と並び称された。

その名を誰が継ぐかは歌舞伎界の懸案事項であった。候補に擬される俳優が多かったことも理由である。六代の養子の梅幸、実子の九朗右衛門、弟子の二代松緑、娘婿の十七代勘三郎の名が取りざたされた。

松竹の社長・会長をつとめた永山武臣は『歌舞伎五十年　私の履歴書』（日本経済新聞社）で、「菊五郎襲名の話は四年前の四十四年秋（筆者注・一九六九年）にさかのぼる。六代目未亡人の千代さんの意向もあり、梅幸さんに七代目襲名を打診したところ、梅幸さんは家族に諮ったうえで、自分は継がず長男菊之助さんに譲りたいと返事をしてきた」と記している。

梅幸は「七代目襲名についてはいろいろ私や弟の九朗右衛門などをめぐっていろいろ取り沙汰されたが、九朗右衛門はすでに渡米して大学に勤務し、私は菊五郎と一心同体の梅幸を襲名しているので、この際秀幸に襲名させたいと思い、例によって親族会議を開いたところ異議なく承認されたので、襲名に踏み切った次第である」（『梅と菊』）と記している。

「裏の話は知りません」と菊五郎。

ある日の昼間、菊五郎は梅幸に連れられ、黒紋付姿で東京・新橋の料亭「金田中」を訪れた。

松竹の城戸四郎会長、永山常務取締役という興行会社幹部と六代歌右衛門、八代幸四郎（初代白鸚）、十七代勘三郎、二代松緑、十七代羽左衛門、三代左團次という当時の歌舞伎界を代表する幹部俳優が顔を揃えた座敷の次の間に菊五郎は控えていた。

「日にちはよく覚えていません。みなさんは着物かスーツでした。忙しい中で、よくあれだけの方たちが集まったと思います。やはり黒紋付姿の父が呼びに来たので座敷に入り、『菊五郎を継がせていただきます。ありがとうございます』と挨拶しました」

全員が拍手で迎えた。

「父がすべて根回ししてくれたのだと思います。みなさん快く応じてくださいました。六代目（菊五郎）を神様みたいに尊敬している方が多かったでしょ。『これからは、おい、菊五郎ここが違うぞ、と怒れるから気持ちいいなあ』と冗談めかしておっしゃっていました」

だが七代目菊五郎襲名の公式発表までには一波乱あった。一九七二年六月に通信社の共同通信から「菊之助が七代目菊五郎を襲名」というスクープ記事が配信されたのである。

その経緯を改めて菊五郎に聞いた。菊之助と藤純子は結婚したものの、新居となるマンションは完成していなかった。

そこで菊五郎は「車に身の回りの荷物を積んでかみさんの持つ青山（東京都港区）のマンションに運び、『飛び込み婿さん』みたいになって、そこから劇場に通っていました」

そのマンションの斜め向かいに建っていたのが自宅工事中の二代松緑が仮住まいにしていたマンションであった。

「窓と窓が向かい合うぐらいの距離でした。ある日、紀尾井町のおじさんに、『遊びに来いよ』と声を掛けられました」

二代松緑の仮住まいでは、歌舞伎以外の俳優も交えての宴会が開かれていた。その中に二代松緑と親しい共同通信の演劇記者・和田秀夫がいた。

「お酒を飲んで機嫌良くなった紀尾井町のおじさんが襲名話をぽろっとしちゃいました」

当然ながら、大スクープと和田は色めき立つ。

「本当ですから、和田さんに否定もしませんでした。後日、『なんで、先に和田さんだけに教えたんだ』と他紙の記者さんに言われました」

配信を受けたスポーツ紙が紙面で大きく扱い、大襲名を「抜かれた」他紙の記者は慌てふためいた。

問い合わせをしようにも松竹の永山武臣（当時・雅啓）演劇担当常務取締役は六代歌右衛門、二代中村鴈治郎（がんじろう）、三代實川延若、七代芝翫らの出演する歌舞伎の「訪欧公演」に同行中であった。

同年六月二十八日に羽田空港に帰着した永山を報道陣が取り囲んで真偽をただした。

「永山常務は『親類筋はもちろん、各方面への了解をとるのに大変時間がかかる。時期は五年先になるか、十年先になるか、いまの段階ではなんともいえない』と言明していた」

と劇評家・富田宏は「季刊雑誌『歌舞伎』特集尾上菊五郎」の「七代目尾上菊五郎誕生」に記している。

そして十月の正式会見となる。襲名披露公演は一九七三年十、十一月の歌舞伎座から始まることも発表された。

銀座・東急ホテルで行われた記者会見で、梅幸は「偉大な俳優であった六代目（著者注・菊五郎）とはまた違った、菊之助独自の菊五郎になって欲しい」（『演劇界』一九七二年十二月号）と述べた。

菊之助は「菊五郎の名跡は尾上家だけでなく、歌舞伎界にとっても重大な名前。この責任ある名前を継がせていただくことになり、勉強中の私にとって大変なことです。これからも先輩の指導を受けて、りっぱな俳優になりたい」（季刊雑誌『歌舞伎』特集尾上菊五郎）と挨拶した。

六代菊五郎は女方もこなしたが、立役に重点を置いていた。対してそれまでの菊之助は女方の修業を多く積んできたので、今後はどうするのかという質問も出た。

菊之助は「『初世、二世、四世が女形。三世、五世、六世が立役とこれまでの菊五郎は半々。私は、急な性転換もむずかしいので、しばらくは今のままで行き、徐々に幅を広げていくつもり』と語った」（同誌）とある。

梅幸の言葉にも出てきた六代菊五郎の実子、九朗右衛門はどんな反応であったか。

「さばさばしておられました。『ひーちゃん、劇団のことを頼むよ。俺のことは全然気にしないで』とおっしゃいました。『助六』（一九四八年四月新橋演舞場）の朝顔仙平（せんべい）をなさった時に『大根』と言われて父親の六代目（菊五郎）が悲しそうな顔をした、という話が残っています。六代目が偉すぎた。それに反発してアメリカに行かれたのでしょう。時々帰国されていました」

九朗右衛門は米国各地の大学で歌舞伎について講義をするなど普及活動に力を注ぎ、コロンビア大学の研究員、ニューヨーク大学の客員教授なども務め、二〇〇四年に八十二歳で没した。

忍

「七代菊五郎襲名」発表から約二か月後の一九七二年十二月二十八日に、菊五郎（当時菊之助）と妻・純子の間に第一子の長女、忍が誕生した。現在の俳優・寺島しのぶである。純子の実家がある京都の病院での出産であった。

梅幸も菊五郎も十一月三十日から十二月二十五日まで南座の「吉例顔見世興行」に出演していた。菊五郎は「盛綱陣屋」の早瀬、「忠臣蔵　七段目」の大星力弥、舞踊「女伊達」の女伊達音羽のお菊を勤めていた。

「公演終了後も出産まで京都に残りました。ですが、病院にいてもすることがありません。ひとりで街に飲みに出かけ、病院に戻ってウトウトしていたら、『生まれました』と起こされました。夜中でした。嬉しかったな」

翌日には、梅幸夫妻も孫の顔を見に、雪が舞い散る中を病院に駆け付けた。

一九七三年は国立劇場大劇場で一月五日初日の「男伊達吉例曽我」に出演予定であった。

「十二月二十九日に東京に戻って稽古に参加し、大晦日に京都へとんぼ返り。稽古後の何時に乗車できるかわからないので予約なしに新幹線に飛び乗りました。満席で京都までほとんど立ちっぱなしでした」

名前は夫婦で相談して決めた。

「『忍』と命名しました。男女どちらでも通用する名前を、と考えました」

その一方で、襲名に向けての動きは加速していく。一九七三年四月十七日に松竹本社で同年十、十一月に歌舞伎座で催される「襲名披露公演」の出演者と演目が発表された。

十月が昼の部で「弁天娘女男白浪」の弁天小僧菊之助、夜の部で「京鹿子娘道成寺」の白拍子花子、十一月が昼の部で「本朝廿四孝（ほんちょうにじゅうしこう） 十種香」の八重垣姫、夜の部で初役の「助六曲輪菊」の助六であった。

「演目は父と会社が選びました。私の意見は全く入らず、『これとこれに決まった』と申し渡されました。立役と女方の両方を演じるようにと父が仕向けてくれたのではないでしょうか」

五月二十六日には京都の延寿寺にある初代、同じく知恩院にある五、六代の墓前に襲名報告をした。

六月二十五日には東京、ホテルオークラで襲名披露パーティが行われた。「季刊雑誌『歌舞伎』特集尾上菊五郎」には「政財界、歌舞伎界、花柳界など千二百人の招待客でさしもの大広間が大混雑」とある。

九月六日からは十月興行の前売りが開始された。一等席はそれまでの最高額の三千五百円を上回る三千八百円であったが、売れ行きは好調であった。

同誌には「この日の東京は前日からの雨。三日前から歌舞伎座前売り所前に人が並び始め、午前九時の売り出し時には四千五百人にふくれあがっていた。劇場側では、テントを張ったり場内食堂に列を入れたりして、雨をおかして切符を買いに来たお客さんに気をつかった」とある。

売り出し直前には菊五郎自身もかけつけた。「列を作っているファンに挨拶してまわり、握手攻めにあった」（同誌）

同日に銀座和光で「七代目襲名記念・歴代菊五郎展」も始まった。十八日には東京・浅草の浅草寺で興行の成功祈願をする「お練り」と法要が菊之助夫妻、梅幸夫妻ら関係者三百五十人の列席で行われた。襲名は早くも大盛り上がりの様相を呈していた。

四年がかりの襲名公演

そして十月二日の菊五郎・三十一歳の誕生日に、「七代目尾上菊五郎襲名披露、十月大歌舞伎」は歌舞伎座で初日を迎えた。

その前には襲名につきものの贔屓（ひいき）への挨拶まわりも経験した。当時の毎日新聞には、同年の七月から九月までの三か月間に約千軒をまわったとある。

「番頭さんと同道で配り物を持って東京はもちろん、京都、大阪にも行きました」

失礼だからと、相手には訪問の日時を知らせないのが慣習で、対面できるまでは何度でも訪ねる。

「朝から晩までまわりました。こんなに疲れるものはありません」

初日が開いてからは、夜の部の「襲名披露口上」の前に先輩俳優の楽屋を挨拶にまわった。

「当時は先輩だらけでしたから、『お願いします』と頭を下げ通しでした」

昼の部の「弁天娘女男白浪」の弁天小僧について、演劇評論家の三宅三郎は「およそ女形として育ってきたが、父の梅幸とは異なり、強靱で、積極性もあって芸格もわりあいに大きい。しぜん立役に豊かな可能性をもっている」（『演劇界』一九七三年十一月号）と記した。「立役」について言及した菊五郎の特性を見抜いた評であった。

夜の部の「京鹿子娘道成寺」を「新菊五郎は華やかさがあり、清姫の性根という点で不足があっても、さすがに役者の踊りで、道行らしく見せている。紙を捨てると、どっと客席が来るのは花形役者らしい」（同誌）と演劇評論家の戸部銀作は評した。

花道の「道行」で、花子は懐から出した懐紙を鏡に見立てて化粧の仕草を見せる。その紙を一枚取り、丸めて客席に投げる。大抵はファンの観客が客席から拾いに行くのだが、拾われない場合もあるので、投げると見せかけてそのまましまう俳優もいる。この時は人気花形だけに投げた懐紙の争奪戦になったようだ。

十一月の襲名披露の「十一月顔見世大歌舞伎」は一日初日。昼の部の「本朝廿四孝　十煙香」の八重垣姫を演劇評論家の山口廣一は、「さすがに若い新菊五郎の美貌だ。客席がどよめいてジワが来た」と評価しつつも「色気（ひろい意味での）に乏しかった」（『演劇界』一九七三年十二月号）と記している。

唯一の初役である夜の部の「助六曲輪菊」の助六は演劇評論家の戸板康二が「気負っている才子肌の、金はないが力のある色男という感覚が、菊五郎の身上で、きせるの雨の吸いつけ煙草を、スパスパ吸ってみせるなど、官能的でさえある」（同誌）と評した。

「助六」は、團十郎家の「家の芸」である「歌舞伎十八番」物。團十郎家の俳優が演じる場合は「助六由縁江戸桜」の題で河東節の演奏だが、音羽屋系が演じる場合は遠慮して「曲輪菊」の題で清元の演奏になる。

「團十郎家と五代目（菊五郎）が約束し、紙衣を着ない、河東節を使わないと取り決めをしたらしいです。私は初舞台が、祖父の助六（一九四八年四月）の禿でしたから、『助六を』と言われた時はとても嬉しかったですね。荒事ですが、和事味も必要な役です」

『演劇界臨時増刊　尾上菊五郎』で演劇評論家の武智鉄二は「役者ぶりのよさでは、近来、七代目菊五郎だけの俳優はいないのではないか。それは、まだ襲名披露もすまないうち、七代目菊五郎と呼んで、何の抵抗感も起こらない」と素質を高く評価し、菊五郎が十代のころに自身が主宰する会への出演依頼をしたが、梅幸に「息子の芸は、まだお金をとって、お客様に見ていただくようなものではございません」と断られたと明かしている。

「その話は私には知らされませんでした。おやじが、武智さんのことをあまり好きではなかったから、断ったんじゃないかな」

七代目菊五郎襲名披露公演は歌舞伎座を皮切りに、一九七四年五月の大阪・新歌舞伎座、十月の名古屋・御園座と進み、十一、十二月の京都・南座では「顔見世興行」の中で「襲名披露狂言」として「鏡獅子」と「女暫」が上演された。一九七五年七〜九月、一九七六年八〜九月には地方巡業を行った。

当時の毎日新聞のインタビューで菊五郎は「東京で二カ月、大阪、名古屋で一カ月、京都の顔見世は口上がなかったので、これまで百回〝七代目菊五郎でございます〟という〝口上〟をしたことになりますね。（中略）四年がかりの襲名公演になっちゃいました」と語っている。

御園座の襲名披露公演では、「弁天娘女男白浪」の弁天小僧と「京鹿子娘道成寺」の白拍子花子を勤めた。「娘道成寺」は、改めて二世勘祖（六世勘十郎）の教えを受けた。

「父の機嫌が悪かったんですよ。宗家（二世勘祖）の振りは祖父の六代目（菊五郎）とちょっと違いました。宗家の振りで踊ったら、父は『おやじ（六代菊五郎）はあんなことをしていない』。六代目（菊五郎）の『娘道成寺』は、洗い上げられています。宗家のは、いろいろなものを取り入れて成駒屋（歌右衛門家）風にもなっている。父にはかなり文句を言われましたが、宗家に教わったので、変えるわけにいきませんでした」

後に、梅幸の「娘道成寺」を見て、その通りに勤めた。

「そうしたら、父にも宗家にも何も言われませんでした。ですから、せがれ（尾上菊之助）が『娘道成寺』を踊った時には振付師さんに全部おまかせしました」

児雷也　与三郎

一九七五年三月には国立劇場大劇場で「児雷也豪傑譚話」を五十七年ぶりに通し上演した。江戸時代に流行した草双紙（絵入り読み物）を幕末に黙阿弥が脚色した娯楽性豊かな作品で、菊五郎が、ガマの妖術を使う盗賊・児雷也など十一変化を披露し、オオワシに乗っての宙乗りも見せた。

当時、菊五郎は「近代歌舞伎のような見方をされては困ります。荒唐無けいが、この芝居の命なのですから」と毎日新聞で作品の魅力を語っている。

同紙では「さっそうとした怪盗ぶりを力いっぱい演じている。ことに巫女姿に化けた鹿六屋敷がすぐれ、女形ができる彼の本領が発揮された」（水）と評された。

当時の記者による新聞劇評は、イニシャルのみの記載が通常であった。「水」とは演劇評論家の水落潔である。

作品は好評で、一九七六年二、三月に名古屋・中日劇場、五月に大阪・新歌舞伎座でも上演された。

だが、その実、菊五郎には不満があった。

「父や（十七代）羽左衛門のおじさんは、昔のことをよくご存知なので、殻を破れずにこれまでの経験に即した場面にしようとする。だから、つまらなくなっちゃってね。『この場面はいらないけれど、二人が出ているからやらなくてはならない』とかね。こういう芝居には口を挟んで欲しくなかった。モヤモヤしていたな。いずれ国立劇場で、いらないところを切って、もっと面白い復活物をやりたいと思いました」

菊五郎劇団は菊五郎が率いるようになってからは同劇場の正月公演で珍しい復活上演を毎年のように行うことになる。その思いは既にこのころから萌（きざ）していた。

菊五郎襲名後、初の「團菊祭」の名を冠した興行が一九七七年五月、歌舞伎座で催された。明治の名優、九代團十郎、五代菊五郎の業績を顕彰する興行で一九五九年六月の同劇場公演以来の復活であった。

『歌舞伎座百年史　本文篇下巻』には、「思い切って若手俳優を起用したのが特色」とある。菊五郎は「与話情浮名横櫛　源氏店」の与三郎と「助六由縁江戸桜」の白酒売新兵衛実は曽我十郎などを演じた。

「与話情……」は講談を原作にした瀬川如皐作で嘉永六（一八五三）年初演。長い作品だが主に上演されるのは与三郎と恋人のお富が知り合う「見染め」と「源氏店」の二場だ。お富は坂東玉三郎が勤めた。

商家の若旦那、与三郎は放蕩が過ぎて預けられた木更津で、土地の親分・赤間源左衛門の愛人・お富と馴れ染める。二人の仲を知った源左衛門に与三郎は切りさいなまれ、逃れたお富は海に身を投げる。

全身に傷を負い、「切られ与三」と呼ばれる小悪党になった与三郎は、兄貴分の蝙蝠安に連れられてゆすりに入った家でお富と再会する。

菊五郎は与三郎、お富の両方を経験している。

「演じた回数はお富さんの方が多いですね。『見染め』があった方がやりやすいです。父から、『お富はやくざの愛人だから、あまりびびってはいけない、堂々としていろ』と教えられました」

お富は大商家、和泉屋の大番頭・多左衛門に囲われていた。湯屋帰りのお富の家には和泉屋の二番番頭・藤八も入り込み、お富にちょっかいを出そうとする。

「藤八が何かしたら櫛で突こうという気で、ちょっと逆手に持つとかね。そういうところがあります。蝙蝠安に嫌なことを言われると、ぽんとはねつけます」

与三郎は三代権十郎に教わった。

「大店の若旦那ということを、いつも心がけていないとね。ただのやくざ者になってはいけない。だから与三郎が口にする『しがねえ恋の情が仇』の台詞は泣き節です。『しがねえ恋の』で声を張らない方がいい。蝙蝠安への『安、お前そんなに言わねえでもいいじゃねえか』には気の弱さ、優しさが出ます。端々にそういう箇所があります。優男、若旦那です。そう山崎屋（三代権十郎）のおじさんから聞きましたね」

「御新造さんえ、おかみさんえ、お富さんえ、いやさ、これお富、久しぶりだなあ」という与三郎の台詞はよく知られている。

だが、そう言われても顔が傷だらけになって変わり果てた与三郎が誰か、お富はわからない。

「お富さんは『何か気持ち悪い人だな、誰だろう』と思い、『そういうお前は』と問いかけます。お富がそうしてくれると、与三郎の『与三郎だ』という台詞が生きます。驚いたお富さんが敷いていた座布団を足でぽんと後ろに蹴って座る。そういう細かい動きがあります」

与三郎は顔を含め、全身の三十四箇所に傷を負っている。傷は出の前に自分で描く。

「顔の傷はちょっと位置がずれるとアッカンベーをしているみたいになってしまいます。体の傷も、みんな苦労して描いていますよ。茶色の墨で描きますが、それだけだと汗ですぐに流れてしまうので、上から水絆創膏を貼ります。他の役の時に傷があってはいけないので、終わったら綺麗に取ります。体に貼ったのは、はがすときに痛いんですよ」

二〇一一年十一、十二月の京都・南座「吉例顔見世興行」では現・片岡仁左衛門の与三郎、現・中村時蔵のお富で蝙蝠安を勤めた。顔にコウモリの彫り物をした嫌な男である。

「おじいさん（六代菊五郎）の写真集にも安を演じている写真がありますから、一回はやりたかった。女物の着物をだらっと着て、与三郎には『なまいうねえ、なまいうねえ』と強く出て、父親の代からの義理がある多左衛門にはペコペコする。主要な三役の中で安が一番面白いのではないですか。もうやりませんけれどね」

菊五郎は「与話情浮名横櫛」を翻案した新作でも女優のお富を相手に与三郎を勤めている。最初が一九八四年四月に新橋演舞場で上演された「宝暦相聞歌」（大西信行作、増見利清演出）で三田佳子がお富を演じた。

もうひとつが一九九二年六月、南座の「お富与三郎　恋しぐれ」。田中喜三作、戌井市郎演出でお富は太地喜和子が勤めた。

いずれにも原作にはあるが上演されることの稀な「源氏店」以降のお富与三郎のてん末を盛り込んであった。与三郎は捕縛されて島送りになるが島抜けをし、観音久次の愛人になっているお富と巡り合う。

「女優さんだと、台詞の七五調が難しいらしく、『しがねえ恋の情けが仇』の前後のお富の台詞に時代風味が出せない。喜和子なんて、完全に現代調で言っていました。やり難かったんじゃないかな。女優さんにはやり易いようにやってもらうしかないよね。歌舞伎調は無理だもの。他の場面との釣り合いもあるので、『源氏店』だけ歌舞伎調になってもおかしいです」

普段の相手役は女方だが、女性相手で変わることはあるのか。

「女方相手とは違いますね。女方だと楽屋で同じトイレに行くし、風呂にも入りますが、女優さんにはタブーの部分がいっぱいあるからね。女優さんと芝居をすることは滅多にないので嬉しくなって惚れちゃいますよね。太地さんは色っぽくていいお富でした。『唐人お吉ものがたり――女人哀詞』（山本有三作、戌井市郎演出、一九九二年八、九月三越劇場）のお吉の酒の飲み方の工夫がうまくできないと言って、私の『魚屋宗五郎』（同年七月国立劇場大劇場）の酒の飲み方を気に入り、何度も見に来てくれました」

太地は、「唐人お吉ものがたり」の巡業公演中の同年十月十三日に自動車事故で亡くなった。

長男誕生

一九七七年八月一日、菊五郎夫婦に第二子となる長男、和康（尾上菊之助）が誕生した。その日、菊五郎は舞台が休みであった。

「幼稚園の林間学校に参加していた忍（寺島しのぶ）を迎えに行く途中の高崎（群馬県）の喫茶店から自宅に電話を入れ、男の子が生まれたと聞きました。嬉しくて夜に湯沢（新潟県）の街に繰り出し、ひとりで宴会をしました」

代々の歌舞伎俳優の家では跡取りとなる男児の誕生が待ち望まれる。妻の純子は周囲からの言葉に心を痛めることもあった。

「忍が生まれて五年たち、お客様に『（男の子は）まだ？』と言われることも度々でした。お尋ねになる方は、決して悪意からではなく、音羽屋のことを考えてくださっていたのだとは思いますが……。出産後、『男の子です』と言われて、ほっとしたのか気を失い、気付いた時には病室でした」

菊五郎も、そんな純子の胸中を痛いほど察していた。

「『次は男の子ね』なんて平気でみんな口にしますからね。かみさんが一番大変だったと思います」

梅幸も孫の誕生を喜び、生まれてすぐに病院を訪れ、早速初舞台について口にしたという。

身替座禅　宗十郎の玉の井

一九七八年九月、新橋演舞場の「九月菊五郎劇団花形公演」では「身替座禅」の山蔭(やまかげ)右京を初役で演じた。同演目は菊五郎家の「家の芸」である「新古演劇十種」のひとつ。狂言の大曲「花子(はなご)」を題材にした岡村柿紅作品で一九一〇年に六代菊五郎の右京で初演された。

恐妻家で浮気者の大名・右京は妻の玉の井に持仏堂で座禅をすると偽り、家来の太郎冠者を身替わりに立てて愛人の花子のもとへ走る。だが夫を案じた玉の井が持仏堂を訪れたため真相が露見。太郎冠者に成り済ました玉の井が待ち受けるところに右京が帰宅する。

「音羽屋では非常に大切にしています。（二代）松緑のおじさんに教わりました」と菊五郎。

帰宅の際に、右京は花道から酔った様子で登場する。

「難しいのはその場面です。それまでに右京が花子との逢瀬で味わった良い気分を醸し出さなければなりません。着物を乱れさせ、鬘も替え、顔にもちょっと紅を差します。品と色気が必要です」

毎日新聞の評には「初役だが、品良く演じているところがいい。酔態になっての語りに、おもしろさが不足する」（水）とある。

その後、繰り返し演じた。二枚目ぶりからも菊五郎には打ってつけと思われる役柄だ。

「ところが、ぴったりの役と言われるのが一番困る。プレッシャーになります。逆に『あの人に、あの役はちょっと難しいだろう』と言われる方がやりやすいんですよ」

今でも花道からの出には気を使うという。

「一番の勝負どころで、演じる度に苦労します。お客様に『花子と会って楽しかったんだろうな』と思わせるのが、できない、本当にできない。作り過ぎてもだめだし、作らなくてもだめだし」

玉の井を演じた中で印象に残るのが九代澤村宗十郎。一九九七年一月、歌舞伎座で共演した。

「『うちへござればにこにこと』と長唄の文句にありますが、ふっと顔が合うと本当にニコニコ顔で、お芝居をされている。恐妻ではなく、右京に惚れぬいている玉の井でした。右京の台詞に『片時もそばを離れぬによって迷惑いたす』とあるように、右京は、それがうっとうしくてしようがない。最近は恐妻でなさる方が多いですが、惚れぬいてくれている方がやりやすい。こういう演じ方もあるんだと思いました」

二代松緑は「六代目（菊五郎）の右京にはやっぱり芸品で、いやらしさがないんです。（中略）なんともいえないおっとりした大名というところが出てるわけですね」と著書の『踊りの心』（毎日新聞社）に記している。

二代松緑と十七代勘三郎の教え

菊五郎の親世代で東京の歌舞伎界の立役を代表する存在は二代松緑（一九一三〜一九八九年）と六代菊五郎の長女の夫で、菊五郎と親戚になる十七代勘三郎（一九〇九〜一九八八年）であった。

二代松緑は七代幸四郎の三男だが、早くから六代菊五郎に師事した。菊五郎が最も憧れた立役である。

「舞台での立ち居振る舞いが格好良かった」という。

二代松緑と十七代勘三郎は役柄も重なり、対比されることも多かったが、菊五郎はどちらとも親しかった。

「役のご指導を受ける時、松緑のおじさんは白無垢（まっさらの意味）で行かなければならないんです。こちらに予備知識から教えたいと思われていました。例え知っていることでも、初めて聞いたような顔をすると、気分が乗っていらして、『この時はこうするんだ』とご機嫌で教えてくださいます。逆に知ったような素振りを見せると、『わかっているなら、いいや』となってしまわれました」

十七代勘三郎は異なった。

「ある程度覚えていかないと話がどんどん飛んで、わからなくなります。どちらかというと僕は教わる人にある程度、知っていて欲しい方かな。最近はみなさん食い入るようにビデオを見て覚えて来るので、直すところがあまりない。ですが、それでこぢんまり固まっては、お客様がご覧になった時に面白くないのでは、とも思います」

二代松緑は元気なころ、芝居の初日と千秋楽の終演後、自宅に共演者を招いて宴会を催した。菊五郎も参加することが多かった。

「中村屋のおじさん（十七代勘三郎）もご自宅で集まりをされることがよくあり、『うちにもおいで』と、お誘いを受けました。誰がどちらの家に行っているか、お二人ともに情報が入っていて両方にかわいがられている身としては困りました。時間をずらし、両家をはしごすることもありました」

一九七七年十二月の国立劇場大劇場公演「天衣紛上野初花（くもにまごううえののはつはな）」では十七代勘三郎の片岡直次郎で恋人の遊女・三千歳（みちとせ）を勤めた。悪事が露見し、お尋ね者となった直次郎は逃亡中に雪の中を三千歳のいる寮を訪れる。二人は久々の再会を喜ぶが、追手が迫っていた。

六代菊五郎が直次郎を演じた時、再会の場面で二人が手を取り合った際に、三千歳役の三代尾上菊次郎の手が冷たかったので温めてやりたくなり、思わず握り締めた。後で菊次郎が出の前に水の中に手を入れて冷やしていたのだと知る。六代菊五郎の著書『藝』（改造社）にも紹介されたエピソードだ。

「その通りに、ポットに氷水を入れて手を冷やして出たら、おじさんが喜んでくれました」

十七代勘三郎も岳父六代菊五郎を尊敬してやまなかったひとりである。菊次郎が手を冷やして三千歳を勤めた話を知らないわけがない。菊五郎を名乗る当代が三千歳で自分に対して同じことをしたのが嬉しかったのであろう。気配りと敬意を感じたのではなかったか。

二代松緑には多くの役を教わった。そのひとつが「船弁慶」の静御前と平知盛（とももり）の霊だ。初めて勤めたのは一九七四年三月の国立劇場大劇場。能の同名曲を原作にした黙阿弥作品で九代團十郎制定の「新歌舞伎十八番」のひとつである。

源頼朝に追われ、九州に落ちる途中の源義経主従の乗船に平知盛の霊が襲い掛かるという筋立てだ。

前シテの静御前で義経と別れを交わし、後シテの知盛の霊では恨み重なる義経を襲おうと薙刀（なぎなた）を手に花道から登場する。

「静御前は目いっぱい踊っていい。対して知盛の霊は相当暴れますが静かにし、バタついてはいけません。見た目と異なり、静御前が動、知盛が静。だから難しい。稽古場で音を立てない練習をします。バッ、バッ、バッと足を突く。バタン、バタンと音を立てたらだめなの。音をさせる前にすっと次の動きにいかないといけません」

本物の忠信　源九郎狐

老朽化による建て替えのため、二〇二三年十月いっぱいで閉場となる国立劇場に、菊五郎は多く出演している。開場は一九六六年十一月で、菊五郎の初出演は一九六八年六月の「摂州合邦辻」の浅香姫であった。

一九八〇年には同劇場で二作品の初役を勤めた。三月が一九五六年以来の上演であった「都鳥廓白浪」の傾城花子実は吉田松若丸。通称は「忍ぶの惣太」。人買いにさらわれた梅若丸が隅田川のほとりで命を落としたという「梅若伝説」を題材にした黙阿弥作品で、嘉永七（一八五四）年の初演では、幕末の名優四代市川小團次が惣太、花子実は松若を坂東志うかが勤めた。

松若丸は梅若丸の兄。忍ぶの惣太と木の葉の峰蔵の二役を勤める初代辰之助と相談しながら公演に取り組んだ。

「手を加えれば、もっと面白くなる芝居だと思い、初日が開いてからも出演者のみんなに残ってもらって稽古をし、工夫を重ねました」

公演は好評で、その後も繰り返し演じられた。国立劇場での復活上演が成功した作品のひとつである。

「義経千本桜」の四段目にあたる「河連法眼館（かわつらほうげんやかた）」の佐藤忠信と佐藤忠信実は源九郎狐の二役を初めて勤めたのも同年九月の「歌舞伎鑑賞教室」であった。

五、六代の菊五郎が得意とした役で、「（二代）松緑のおじさんに教わりました」。兄・源頼朝にうとまれて都落ちする義経の家臣、忠信は、母の病気見舞いのために主君の元を離れた。義経は後白河法皇から授けられた初音の鼓を愛人の静御前との別れの際に忠信に化けた源九郎狐に託した。鼓には源九郎狐の両親である雌雄の狐の皮が用いられていた。親を慕う源九郎狐は、忠信に成りすまして鼓を持つ静御前の供をする。

同公演では狐忠信と静御前が吉野山に潜む義経を訪ねて旅をする「道行初音旅（吉野山）」と続く場面の「河連法眼館」が上演された。

「河連法眼館」は「四の切（しのきり）」とも呼ばれる。義経を訪ねて本物の忠信が現れたところに、静御前と忠信の到着が知らされる。二人の忠信をいぶかしむ義経と静御前。両者の前で源九郎狐は本性を現す。

俳優は武将である本物の忠信と偽物の忠信の演じ分けを必要とする。

「本物の忠信は好きです。ここできちんとした武将ぶりを見せておきます」

義経に静御前のことを尋ねられても忠信は知らないので答えられない。そこに静御前が現れ、一緒に来たのに、なぜ抜け駆けしたのかと忠信をなじる。

「疑われたわけですから本物の忠信は静御前の話の間も、いつ偽者が現れるのかと花道を見込むしぐさをします。時代物にしてはリアルな芝居を要求されます」

源九郎狐は正面の階段の仕掛けから登場し、欄干を歩くなどケレンと呼ばれる体を駆使した動きを見せて高音で台詞を言い、「めぎつね」を「めぎんね」と発語する狐言葉を用いるなど様々な技法を必要とする。

「源九郎狐は体さえ動いて台詞を覚えれば入りやすい役ですが、動きが激しいので、若い時は声が出なくなることがありました」

当時の毎日新聞の評では「本物の忠信がいい。風姿にすぐれている利点がでた。狐忠信では、ケレンより、親子の情を描くことに力点を置いている」（水）と評された。

塩冶判官　早野勘平

人形浄瑠璃から歌舞伎に入り「義経千本桜」「菅原伝授手習鑑（すがわらでんじゅてならいかがみ）」とあわせて「三大名作」と呼ばれるのが「仮名手本忠臣蔵」である。観客動員力もあるため、特効薬に例えて

「独参湯」とも言われる作品だ。

菊五郎がことに得意とするのが塩冶判官と早野勘平である。どちらも若き日から繰り返し演じ、同日に両役を勤めることも多かった。

江戸城内で吉良上野介に斬りかかった責めを負って赤穂藩藩主・浅野内匠頭が切腹。赤穂藩の元家老、大石内蔵助は旧臣を率いて上野介を討つ。この事件をモデルとし、設定を室町時代に移した作品である。

内匠頭に相当する判官は、六代菊五郎も梅幸も当たり役とした。

「発散するところのない重い役です。父が良かったのでこれもプレッシャーを感じる役のひとつです」

「松の間」で判官は上野介に相当する高師直に責められる。師直は判官の正室・顔世御前に横恋慕して言い寄っていたが拒絶される。その遺恨もあって判官を執拗に侮辱し、「鮒じゃ、鮒じゃ、鮒侍じゃ」と判官を井戸の中の鮒に例える。

「判官は高い声を出してはいけません。師直が上からわっと言うので、こちらが『気が違うてか武蔵守』と高く出ると、師直はさらに高い声で『黙れ判官』と言わなければならなくなる。師直役の（十七代）羽左衛門のおじさんに『よくお父さんの呼吸を覚えているな、やり易いよ』と褒めていただきました」

切腹の場面で判官は、知らせを聞いて駆け付けた大星由良之助（大石内蔵助）に後事を託す思いを込めて「この九寸五分（短刀）はなんじへ形見」と口にして腹切り刀を渡す。「形見」は由良之助へ自身の意思を伝える意味で、かすかに「かたき」と聞こえるように言うのが口伝だ。

「息を詰めて由良之助を見つめ、由良之助が『はあっ』と応じた時に、ふっと息を抜いて『ははは』と笑って、死んでいきます」

判官の遺骸は駕籠に入れられ、その前で妻の顔世御前や家臣たちが焼香をする。

「駕籠の中にいると、焼香の煙でむせそうになりますが咳をするわけにもいかない。由良之助が戸を閉めるまでは体が半分見えているので、足も動かせません。勘平と二役を勤める時は、判官が終わった後、勘平の気持ちになるために三、四十分横になって判官のことを忘れるようにします。楽屋に人が入って来ないようにし、仕事の打ち合わせも断ります。判官はそれほど重たい役です」

勘平は恋人のおかると忍び逢っていたために判官の危機に間に合わず、それを恥じていったんは死ぬ覚悟をする。それをおかるに止められて駆け落ちし、おかるの父である与市兵衛の家に身を寄せて猟師をしていた。

「五、六段目」が勘平の見せ場である。勘平は仇討ちの徒党入りを望んでいたが、自分が与市兵衛を殺害したと思い込み、さらには義母おかや、来訪した塩冶浪人の原郷右衛門と千崎弥五郎に責められ、切腹して果てる。

「父は勘平を演じていないので（二代）松緑のおじさんに教わりました」

勘平も六代菊五郎の当たり役である。

「五段目」は「山崎街道鉄砲渡し」と「同二つ玉」。猟に出た勘平は山崎街道で千崎と出会い、仇討ちの徒党に加えて欲しいと頼み、仲間の郷右衛門の滞在先を教えられる。

「（滞在先の地図は）千崎が紙に書いたり、土に書いたり。どちらでもいいのですが、勘平は『教えてくれてありがたい。自分も加わりたい』と思います。それからの勘平は徒党に加わるために必要と思った金の工面のことばかり考えています」

続く「二つ玉」では場面が変わる。おかるの身売金の半金五十両を手に祇園街から帰る途中の与市兵衛は塩冶浪人で盗賊となっている斧定九郎に殺害されて金を奪われる。その後、舞台を猪が駆け抜け、定九郎は鉄砲で撃たれて倒れる。勘平が猪と誤って撃ったのだ。花道から鉄砲を構えた勘平が現れるが、道を照らすのに用いていた火縄の火が消えてしまう。

「『五段目』の勘平は様式美を忘れてはいけません。松の木にぶつかり、火縄の火が消えて……と細かい手順が付いています。猪だと思って定九郎の死骸をパンパンパンと叩きますが、その『パン』のツケひとつも重要です。手順が全部繋がっていないといけないので大変に神経を使います。鉄砲で撃たれて倒れた定九郎の足に刀の鐺があたり、猪だと思い、縄を出して輪を作って足にひっかける。猪にしては軽いので、『おかしいな』と思う。確かめようとして定九郎の足の指に手があたり、『こりゃ人』と驚きます」

薬がないかと定九郎の懐を探った勘平の指が金入りの財布に触れる。

「千崎との経緯がある勘平は金ができたので『天よりわれに与うる金』と喜びます。花道からの引っ込みは、早く千崎たちにこの金を渡そうと、はやる気持ちでいます」

「六段目」は「与市兵衛内」。勘平は郷右衛門の旅宿に金を届けた後、おかると義母おかやのいる家に引き上げてくる。

おかるは徒党入りの金を用立てようと勘平には話さずに身売りをしていた。与市兵衛の家には、祇園街の一文字屋のお才と女衒の源六が来ていた。二人は半金の五十両を渡し、おかるを連れて行こうとする。帰宅した勘平はおかるの乗った駕籠と花道で行き合って不審に思い駕籠を突き返す。

「金を郷右衛門に渡して意気揚々と引き上げてきた勘平は身売りの事情を知らないので、『なんでおかるが駕籠に乗っているんだ』と思います。家に入って手甲や脚絆を外し、雨漏りした箇所などを見る。これも手順が決まっていますが、なかなか自然にできないんですよ。ふっと見るとお才と源六がいる。『おかしいなあ』と思い、おかやに『母じゃ人、あのお方は』と尋ねます」

勘平が郷右衛門と千崎を家に迎えるために紋服に着替えようと着物を脱ぐと、定九郎が与市兵衛から奪って、勘平の手に入った財布がすべり落ちる。

「おかやが財布を拾いあげて見ているので慌てて取りあげます。リアルな芝居です」

おかやからおかるの身売りの次第を聞き、お才から自分の持つのと同じ生地で作った縞柄の財布を与市兵衛に渡したと聞くと、勘平は自分が死骸から手に入れた財布と同じだと気づき、撃ち殺したのが与市兵衛であったかと暗然とする。おかる、お才、源六が去った後、猟師仲間が与市兵衛の死体を運びこむ。与市兵衛を殺したのは勘平ではないかと疑ったおかやが詰問するところに、郷右衛門と千崎が現れる。

「二人侍（郷右衛門と千崎）が出てきて、もうどうしようもない。死ぬしかないと思います」

郷右衛門と千崎に問い詰められて勘平は腹を切る。

「その際に財布を背中に回しておかないと、切腹した時に、べろんと出てきてしまいます。二人侍が来た後に、懐に入れるような格好をして背中にぎゅっと押し込みます。『藝』に型が書かれていますが、その通りにやると財布が行方不明になります」

切腹の手順にも細かな工夫がある。

「白いきれを腹に巻き、腹をぶすっと突いた時に血が出るようにしてあるのできれをはがします。血が真ん中に流れるようにする人もいますが私はそれが嫌いです。脇腹を突くのだから、横に流れるようにしています」

勘平の顔には腹の血がつく。壮絶だが色気のある姿である。

「腹を切った時に、後見が血のついた板を出すので指三本でぬぐって頬につけます」

髷が崩れて髪もばらける。これにも三段階の手順がある。

「おかるが引っ込む時に刷毛先の糸を抜くのが最初です。次におかやが勘平を叩きながら栓を抜いて、がったりとなる。最後は勘平が仇討ちの連判状に名前を書いて寄りかかった時に千崎が元結を解いてざんばら髪になります」。まさに総力戦だ。

「勘平は腹を切ってから心情を明かせるので、判官よりは発散できます」

勘平の切腹の時にきれで血糊を包んだ血玉を用いる家もある。

「(十七代)勘三郎のおじさんが勘平をなさった時に血玉を忘れたことがありました。千崎で出ていらした(十一代)團十郎のおじさんが、そっと渡そうとしたら、勘三郎のおじさんは、血玉を渡すのを忘れていた後見の手だと思い、ぎゅっとつねった。痛いのを團十郎のおじさんがじっと我慢していた、という話があります」

「仮名手本忠臣蔵」が通し上演された一九五九年十二月の歌舞伎座「吉例顔見世大歌舞伎」公演での出来事であったろうか。十七代勘三郎と当時は九代海老蔵を名乗っていた十一代團十郎のそれぞれの性格が表れたエピソードである。

又五郎のおじさんと一條長成

一九八三年八、九月には巡業で「一條大蔵譚」の一條大蔵長成を勤めた。享保十六（一七三一）年に人形浄瑠璃で初演された「鬼一法眼三略巻」の四段目にあたる。

平家全盛の世に公家の一條長成は平清盛の命令で常盤御前を妻に迎えて笑いものになっていた。常盤御前は平治の乱で敗死した源義朝の妻で、源牛若丸（義経）の母。義朝没後は清盛の妾となっていた。源氏再興をもくろむ牛若丸の家来・鬼次郎と妻・お京は常盤御前の本心を探ろうとしていた。

長成は源氏に寄せる本心を隠すために愚かな振りをしていた。「檜垣茶屋」では幼児のような振る舞いをし、お京の舞に見とれて床几から転がり落ちる。続く「大蔵館奥殿」では、清盛に内通する家臣の八剣勘解由を斬り捨てる颯爽ぶりを見せ、「物語」で義朝の最後のようすや源氏方の受けた苦難と自身の思いを語り、再び愚かな振りに戻る。

「(二代中村)又五郎のおじさんに教わりました。面白い役ですよね。阿呆な部分と武士的な部分、お公家さんの部分の三つを際立たせ、屈折した面が出せればね。頭がいいというか、ずるいというか、長いこと作り阿呆をしている皮肉な人間です。私はどうしても『物語』があるので強くなり、侍の方によってしまいがちでした」

二代又五郎には柔らかみを出すように注意された。

「私は江戸っ子口調だから、まろやかなお公家さん口調になるように、『まるく喋るんだよ』と言われました。『物語』になると、すぱっと武士になる。変わり目を見せないとお客様も喜ばれないですしね。若かったので初演では張り切ってトントン運びましたが、そうでもないな、と思うようになりました。世間を達観したような老練さが必要です。『命長成、気も長成』という台詞で、ちょっとトーンを落とす。お公家さんの時は普通に立ち、『物語』の武士のところでは、爪先を広げる。それがお客さんにわかるかどうかですよね」

二代又五郎は初代又五郎の長男で一九一四年生まれ。父を早くに亡くし、名子役の誉れが高かったころは六代菊五郎との共演も多かった。初代吉右衛門のもとで修業をし、女方、立役、老け役と幅広く活躍し、二〇〇九年に没した。

「(二代)又五郎のおじさんには『角力場(双蝶々曲輪日記)』の長吉も教わりました。父とも紀尾井町のおじさん(二代松緑)とも仲良しで、みんな『又ちゃん』と呼んでいました。いいおじさんで、稽古を二回ぐらいやると嫌になっちゃって、『お酒にしようよ』となる。(六代)菊五郎と(初代)吉右衛門の違いとか、いろいろ面白いお話をしてくださいました」

「熊谷陣屋」義経 八ツ橋

一九八三年十月には名古屋・御園座の「吉例顔見世」で「熊谷陣屋」の義経、「籠釣瓶花街酔醒」の八ツ橋などを演じた。

「熊谷陣屋」は宝暦元(一七五一)年初演の人形浄瑠璃「一谷嫩軍記」三段目の一部で歌舞伎の人気演目でもある。

源平の合戦の最中。源氏方の武将・熊谷直実は、平家の公達・平敦盛の身替わりとして我が子の小次郎の命を奪う。熊谷は生田の森(神戸市)にある自陣に戻るが、そこには初陣の小次郎を案じる妻・相模、敦盛の母・藤の方が来ていた。熊谷は義経の前で実は小次郎である敦盛の首実検を行う。義経はすべてを飲み込んだうえで敦盛を見逃す。

菊五郎が「熊谷陣屋」の義経を初めて手掛けたのは一九六七年五月の大阪・新歌舞伎座で、熊谷は二代松緑であった。それから度々演じてきた役である。

「回数を重ねるごとに難しくなった役のひとつです。やはり義経は主役なんです。義経の意を汲んでみんなが動いている。義経は小次郎が敦盛の身替わりになっていることを含め、すべてを承知したうえで、首実検に臨みます」

「一谷嫩軍記」の序段で義経は熊谷に自身の子を敦盛の身替わりに立てるように示唆している。敦盛は実は後白河法皇の子であった。

「自分の命令で小次郎を殺させておいて、首の前でのおっかさん（相模）の愁嘆場を見ていなければならない。仏門に入る決心をした熊谷が花道を入る際に呼び止めて、『これっ』と小次郎の首を見せてやる。それがちょっと人間らしいところです。敷皮（しきがわ）の上に床几を置き、鎧をつけて陣羽織を羽織って前を向きじっとしているので身体的にもしんどいです」

「籠釣瓶」の八ツ橋を初めて勤めたのは一九七二年十月、国立劇場大劇場で、十七代勘三郎の次郎左衛門であった。

三世河竹新七作で一八八八年初演。通し上演すれば妖刀・籠釣瓶（村正）をめぐる因果話だが、主に上演されるのは吉原の傾城・八ツ橋と彼女にほれ込んで通い詰めたあげく、手ひどくはねつけられて凶行に至る次郎左衛門の悲劇である。

「吉原仲之町見染」からの上演が多い。

「初演の際に成駒屋のおじさん（六代歌右衛門）にしっかり教えていただきました」

「見染」のクライマックスが八ツ橋の花魁(おいらん)道中だ。初めて訪れた吉原で、その美しさに圧倒されて腑抜けたようになった次郎左衛門に、八ツ橋は花道から嫣然(えんぜん)と微笑みかける。

「八ツ橋は自分で綺麗だと思わなかったら駄目なんだろうな。成駒屋のおじさんは何とも言えない笑い方をされました。そこで最高位の花魁と田舎者の対比が出る。決して次郎左衛門を馬鹿にしているわけではないんです。ただ田舎の人を見て笑う。おじさんの舞台を見ていると確かにそう思えるのですが、やってみると本当に難しい。自分に絶対的な自信がないとできない。初役ではその味が出せませんでした」

次郎左衛門に嫉妬した愛人の栄之丞(えいのじょう)に迫られ、八ツ橋は次郎左衛門に愛想尽かし（縁切り）をする。自尊心を傷つけられた次郎左衛門は、後日廓(くるわ)を訪れて八ツ橋を籠釣瓶で斬り殺す。

「八ツ橋はそれほど次郎左衛門を嫌いではなかった。栄之丞のために始めは、『すまないなあ』という気持ちで次郎左衛門への縁切りをしていたんですが、あまりに次郎左衛門がねちねち言うので、イライラしてくる。『そういう気持ちでやりなさい』とおじさんに教わりました」

演劇評論家の萩原雪夫は「大体、この八ッ橋の性根には曖昧なところがあるのだが、菊之助は歌右衛門のように周囲の人たちにいろいろ意見をいわれるので、それに反発して愛想づかしの気持をはっきりさせるという解釈らしいが、この間や、次郎左衛門のクドキを聞いている間の、じっとしているときの気持の表現に不足な点はあるが、美しいのと声がきれいなためせりふが引き立つので得をしているし、おわりに戸口に立って、九重との朋輩同士のやりとりに遊女のはかない境遇を嘆いて哀愁がある」(『演劇界』一九七二年十一月号)と評した。

名古屋での八ツ橋は初役以来で、次郎左衛門は、この時も十七代勘三郎が勤めた。「その時に出演していた(六代)菊蔵さんが、中村屋のおじさん(十七代勘三郎)に、『こういう風になさった方がいいんじゃないですか』と意見を言いました。中村屋のおじさんも気に入って、『そうだね。藤雄さん(歌右衛門の本名)に連絡してみよう』と応じられて電話をしました。そうしたら成駒屋のおじさんが『絶対にそんなことはありません。父(五代歌右衛門)の代からこのやり方です』『はい、わかりました』。中村屋のおじさんが怒られちゃった」

第四章

芸の道には本当も嘘もない

「義経千本桜　すし屋」のいがみの権太（2007年12月、南座）

「土蜘」の僧智籌実は土蜘の精（2009年12月、南座）

親子三代で踊った「京鹿子娘三人道成寺」。
（左から）白拍子音羽＝六代目丑之助、白拍子花子＝七代目梅幸、
白拍子桜子＝七代目菊五郎（1992年11月、歌舞伎座）©松竹（株）

盟友

少年期から共に芸の研鑽に励んできた盟友、十代海老蔵の十二代團十郎襲名披露興行は一九八五年四、五、六月の三か月続けて歌舞伎座で催され、菊五郎はすべてに同座した。四月が「寿曽我対面」の十郎（初代辰之助の五郎）、「助六」の白酒売新兵衛（團十郎の助六）、五月が「外郎売」の小林妹舞鶴（團十郎のういろう売実は曽我五郎）、「鞘当」の名古屋山三（初代辰之助の不破）、六月が「かさね」のかさね（片岡孝夫（現仁左衛門）の与右衛門）、「助六」の三浦屋揚巻（團十郎の助六）。

菊五郎は「初めて一緒に舞台に出たのが明治座の子供ばっかりの『白浪五人男』、そして東横時代――、それ以来の長い間の友達ですから、僕も今回の襲名は大変おめでたい事だと喜んでいます」（『演劇界臨時増刊　市川團十郎』）と語っている。

「初代菊五郎は二代團十郎に引っ張られて大坂から江戸に出ました。團十郎家には恩があるし、江戸歌舞伎の大変な家だと思います。にぎやかな興行で、彼も一段ステップアップしたように感じ、立派な役者になったなと思いました。彼は面白いところがあって、『夕焼け小焼けの赤とんぼ』なんて大きな声で歌いながら楽屋の廊下を歩くんだ。文楽の太夫さんから教わった発声練習らしいけれど、僕にそれはできない。大らかで、さすが市川宗家の旦那だと思いました」

片岡直次郎

同年十二月には歌舞伎座で「天衣紛上野初花」の片岡直次郎を勤めた。松林伯圓の講談「天保六花撰」を黙阿弥が脚色し、一八八一年に初演された世話物。

御家人の直次郎は悪事が露見して高跳びする前に恋人の遊女・三千歳に別れを告げようと療養先の大口屋寮に忍び入る。「雪暮夜入谷畦道」の題名で直次郎が主軸となる「入谷そば屋」と「大口屋寮」を抜き出しての上演が多い。菊五郎は三千歳を数度演じていたが、直次郎は初めてであった。

直次郎は雪の降る中、手ぬぐいで頬かむりをし、傘を差して花道から現れ、顔を隠すようにしてそば屋に入り、小上がりに座を占める。後から入ってきたのが大口屋に出入りする直次郎とも顔なじみの按摩・丈賀。そば屋夫婦と丈賀は大口屋の寮で療養中の三千歳の噂話をする。丈賀は「直さんという、いいひと（筆者注・恋人）」が姿を見せないので、三千歳が病気になったと話し、そば屋の亭主は女郎を気病みにさせるとは男冥利につきると応じる。

菊五郎の直次郎は、自分の噂話をされても、表情をほとんど変えない。私にはそれがいかにも女性に好かれることに慣れた色男に見える。菊五郎ならではの味わいだ。

そば屋は、丈賀曰く盛りはいいが、「味は二番手」のぱっとしない店である。角火鉢の火は落ちているし、熱燗はぬるい。酒の盃にはゴミか虫が浮いており、直次郎はそれを箸で跳ねのける仕草をする。

「(三代)権十郎のおじさんに教わりました。直次郎は落ちぶれた御家人で追われる身。丈賀とそば屋夫婦のやりとりを聞いて、『ああそうか』と思い、三千歳に会いたくなって手紙を書きます」

丈賀に三千歳への手紙を託そうと店から借りた筆の毛先は揃っていない。なめると、筆の首が落ちて口の中に散る。そこで菊五郎は筆の代わりに楊枝の先を噛んで墨を付けて手紙をしたためる。

六代菊五郎は「古くは脚本の指定で、筆の首が落ちる事があって、筆の替わりに小楊枝の先を噛んで、それへ墨を付けて手紙を書いたこともあったように聞いています。小楊枝といえば、蕎麦は噛んで食べるものではないから、小楊枝を使ってはいけないと、よく親父が言っていました」（『藝』）と記している。親父とは五代菊五郎のこと。だが菊五郎はそれを復活させた。

「（劇作家の）宇野信夫先生が、『直次郎は御家人なので、武器にもできる楊枝をいつも懐に差しているはずだ』とおっしゃったので、取り入れようと思いました」

そば屋夫婦の風情も大切だ。

「そば屋のかみさんを演じる役者は葱を包丁でトントンと手早く刻みたいところだとは思いますが、それでは駄目です。こつん、こつんと刻む。流行りのラーメン屋みたいになってはいけないんですよ」

そば屋を出た直次郎は丈賀を待ち伏せて声をかけ、三千歳への手紙を託す。雪は先刻より激しく降っている。この時に菊五郎は丈賀に傘を差しかけてやる。根っからの悪人ではない、優しみのある直次郎の人物像が現れる。

「これは私が始めたと思います。雪が降ってきたので丈賀さんに傘を差し掛けるようにしたら、好評をいただきました」

直次郎は三千歳のいる大口屋寮に忍んで行く。

「危険を冒して会いに行くほど、三千歳を愛していた。二人で取り交わした起請文（恋人同士の誓いの文書）を渡して別れようとします。花道の足取りもそば屋に行く時と、寮を訪れる時とでは変えます。最初はまだ雪が積もっていないので普通に歩き、寮に行く時は踏みしめるようにします。寮は三千歳の見せ場です。直次郎は御家人だというのを崩さないようにします」

いがみの権太

團十郎が襲名をする一方で、もう一人の盟友、初代辰之助の体調は悪化しつつあった。一九八六年の「團菊祭五月大歌舞伎」夜の部で菊五郎が勤めた新作歌舞伎「甲斐源氏夢旗挙（かいげんじゆめのはたあげ）」（大森棋平作、二代松緑演出）の武田信虎は、本来は辰之助が演じる予定であった。

「いろいろな病気の合併症だったと思います。彼は自分で治そうとして周囲にはあまり言わなかったので、私たちも、そこまで悪化しているとは思っていませんでした」

　翌月の同座「六月大歌舞伎」は三部制興行。その第三部で菊五郎が初役で演じたのが「義経千本桜　すし屋」のいがみの権太である。

　権太は吉野の釣瓶すし屋の息子だが、身を持ち崩して父・弥左衛門に勘当されていた。だが、弥左衛門が平家の落人（おちうど）、平維盛を弥助という使用人としてかくまっていることを知る。権太は自分の女房と子を維盛の妻子の身替わりに立てて維盛一家を逃がす。それを知らない弥左衛門に権太は刺され、真実を打ち明けて息を引き取る。

初代辰之助が予定されていた役であった。

「権太は愛嬌も悪の要素も必要です。私には無理ですと申し上げたのですが、紀尾井町のおじさん（二代松緑）が、『おれが教えるから、やりなさい』と後押ししてくださいました」

二代松緑の自宅での稽古であった。

「おじさんは足がお悪かったのですが、対面で稽古が進むにつれて乗ってこられ、ご自分が演技をなさっちゃうんですよ。『私の芝居なんだけれどな』と思いました」

実家のすし屋を訪れた権太が、門口を開けようとすると、中では妹のお里と弥助が色模様のまっ最中。

「権太は『とんだところへやってきちゃったな』と口にします。そこで愛嬌を出す。手ぬぐいを肩にかけ、右の手を懐に入れた粋な江戸前の姿です」

母を騙(だま)して金をせしめるが、弥左衛門が帰宅するのに気づき、見つからないように金をすし桶に隠して自身は奥に潜む。弥左衛門は維盛の身替わりにしようと考えた小金吾の首を別のすし桶に入れる。それを知らない権太はすし屋を出る際に、金入りのすし桶と間違えて首入りのすし桶を持ち去る。

「おっかさんは権太に大甘です。前半はおっかさんとのやりとりがしどころで、チョボ（竹本の浄瑠璃）に乗って泣いたり、甘えたり。おとっつぁんのことを気にしながらなので、お金をどの桶に入れたのかわからなくなってしまう。その辺を作りすぎないで演じたいところです」

権太は暖簾口から片肌を脱いで現れ、首桶を手にすると平舞台に飛び降りる。粋で格好の良い姿である。

「右肩を脱ぎますが、六代目（菊五郎）のおじいさんには逆の左の肌を脱いでいる写真があります。『六代目は左を脱ぐんだ』と言う人がいますが、そうではありません。おじいさんが趣味の鉄砲をやり過ぎて右肩が痣になって脱げなくなったので逆にした。そんな話も紀尾井町のおじさんはしてくれました。芸の道には本当も嘘もない。お客さんがそう見てくだされぱいい。背が高かったり、太っていたり、体形が違えばやることも変わる。こうでなければいけない、ということはありません」

権太の浴衣は弁慶縞の格子模様を着る。

「おじいさんは太っていたので、体がすっきりと見えるように、横よりも縦がちょっと長いんですよ」

権太は維盛の偽首を首桶から出して、源頼朝の家臣、梶原平三に見せる。

「首桶を持って花道を引っ込むまでは、お客さんに権太は悪党だと見せておかないといけない。本当は維盛の人相書きを見て弥助を維盛と察し、助けようと思っているんですけれどね。一番緊張するのが梶原とのやりとりです。首を検分する梶原をじっと見ています。そして『維盛の首に相違ない』と梶原が口にすると初めてほっとします」

梶原の家臣に女房の小せんと息子の善太が維盛の妻・若葉内侍と嫡男の六代君の代わりに引き立てられる姿を見送りながら、権太は「お頼み申しますぜ」と報奨金を忘れないようにと何度も念押しする。最初は力強い声だが、次第に悲しみがにじみ出す。菊五郎は一声ごとに変化させる。

「段々小さくなっていく小せんと善太の影形を権太は見ている。声音は感情で変わっていきます。それも日によって違う。私はそういうつもりですが、多分、他の方も同じでしょう」

権太は弥左衛門に刺され、苦しい息の下で真実を打ち明けて息を引き取る。悪人が善に立ち返って真実を語ることを「モドリ」という。

「首実検までは威勢のいいところを見せておかないとね。最初の悪人のところは大体できるんですよ。難しいのは腹を刺されてからの述懐です。弥左衛門への、『こんたの智慧で維盛を助けることは、そいつアいかねえ、そいつはいかねえ』『おいとしや親父さま』というくだり。気分的には辛いが、そこにあまり気が行きすぎると自分勝手な演技になってしまいます。ところどころで苦しさを見せる。全部が全部苦しそうだとお客さんも苦しくなってしまうでしょう。（『仮名手本忠臣蔵』の）勘平、判官も同じです」

二代松緑に一番強く注意されたのも「モドリ」の場面であった。

「おとっつあん（弥左衛門）、おっかさん、維盛。それぞれに自分の思いを語ります。段取りをつけてやっていくと気分も変わり、長い台詞が長く感じられなくなる。時代物ではありますが、あの場面は世話の要素が入った『時代世話』です。これからの人にも、あそこは人間を生き生きとやってもらいたいですね。竹本（浄瑠璃）がとても大事です。竹本の詞章が全部説明していますからね」

設定は大和（奈良県）のならず者だが、それを江戸のすっきりとした悪人として演じるのが音羽屋型（菊五郎家）である。

「はっきりとしていてわかりやすい、やりがいのある芝居です。『義経千本桜』はすべて情愛の芝居です。『すし屋』もそうですし、『四の切』は狐忠信の親子の情愛、『渡海屋』『大物浦』は平知盛と安徳帝の情愛。それが肚にないといけません」

菊五郎初役によるいがみの権太は好評であった。

萩原雪夫は「きりっと締まっていて、にがみばしったいい男の権太であり、それだけに小悪党の感じが出ていて、これまで演じてきた立役よりももう一つ線が太くなった感じがして、これならば新三も宗五郎も丑松もいける様に思われた」（『演劇界』一九八六年七月号）と評した。

「髪結新三」「魚屋宗五郎」「暗闇の丑松」。後に菊五郎が演じ、得意としていく役々が明示されている。

辰之助に代わり　土蜘

初代辰之助の病状はさらに悪化していた。一九八六年二月に肝硬変で入院し、手術をして六月に退院。十一月に舞台復帰したものの、一九八七年一月の国立劇場大劇場公演で「毛抜」の粂寺弾正（くめでらだんじょう）を演じたのを最後に三月十八日に再入院した。

三月は同劇場で「四千両小判梅葉（しせんりょうこばんのうめのは）」の公演が行われた。一八八五年初演の黙阿弥作品で、町人の富蔵と武士の藤岡藤十郎による江戸城の御金蔵破りが主題。菊五郎が富蔵、十二代團十郎が藤十郎を演じた。見せ場のひとつが捕縛された富蔵が入れられた「伝馬町西大牢」。当時の牢内の有様が活写される。

六代菊五郎が得意とした富蔵は二代松緑が受け継いで度々演じており、同公演では監修にあたった。二代松緑は出演俳優を集め、自宅の舞台で大牢の場面の稽古を重ねた。

「自宅療養中の辰之助が、『いいな、教えてもらって』と舞台の前を行ったり来たりしているのが、かわいそうでね」

菊五郎は初代辰之助を入院中に度々見舞った。

「最後のころは集中治療室に入っていたので、会話はできませんでした」

初代辰之助は同年三月二十八日午後七時四分、肝硬変と食道静脈りゅう破裂のために四十歳の若さで没した。

「亡くなった当日、松緑のおじさんと居間で二人きりになった時に、『亨（本名）が死んじゃったよ』とおじさんの足にしがみついて泣きました。ショックでした。そこで一生分の涙を流し尽くしてしまったようで、以降の私は悲しいことがあっても泣かなくなりました」

四月二日から大阪・新歌舞伎座で「陽春大歌舞伎」が始まり、菊五郎は「白浪五人男」の弁天小僧菊之助と「与話情浮名横櫛」のお富、「土蜘」の僧智籌実は土蜘の精を勤めた。『演劇界』（一九八七年五月号）の土岐迪子のレポートによると、出演者は本来なら三月二十八日に大阪入りして稽古をする予定だったが変更され、三十日の初代辰之助の密葬後すぐに大阪に向かった。

当時の菊五郎は初代辰之助の死についてほとんど語っていない。口にできないほどの深い悲しみであったのだろう。

同誌に梅幸は次のような「追悼のことば」を残している。

「辰之助君は豪放磊落にみえるけれど、神経の細やかな人だったし、非常に友だち思いでねえ。そのくせ、一途で思いこむとバーッと行くような性質だったから、三之助といっていた頃は、三人（菊五郎、團十郎、辰之助）のバランスがとれていたのではないかと思います。この四月の大阪にしても、久しぶりに三人一緒の地方公演で楽しみにしていた間際でしたからねえ」

菊五郎が初役で勤めた「土蜘」は初代辰之助の出し物として予定されていたが、二代松緑から直々に「お前がやってくれ」と依頼をされて演じることになった。

黙阿弥作の歌舞伎舞踊で菊五郎家の「家の芸」である「新古演劇十種」のひとつ。五代菊五郎の後は、六代梅幸、六代菊五郎が得意とし、二代松緑に受け継がれた。

病気に苦しむ源頼光の館を智籌と名乗る僧が訪れる。その正体は頼光の命を狙う土蜘の精であった。

智籌は花道から音もなく現れ、頼光に向かい自分は比叡山の僧だが頼光が病気と聞いて祈念をしにきたと語る。智籌は頼光に近づくが、太刀持音若に正体を見破られる。智籌は蜘蛛の精の本性を現し、頼光に糸を投げかける。

子役時代に石神を勤めたエピソードは既に記した通りだが、その後、番卒や頼光、侍女胡蝶を勤めた。智籌の花道の出は七三（舞台から三分、揚幕から七分の位置）に至るまで音もなく、観客に気付かれないように、というのが口伝だ。

「智籌は鳥屋(とや)（花道突き当たりの揚幕の中）で息を殺すようにし、揚幕を開ける時も音を立てず、照明もあてません。ところが私が花道に出た途端にお客様から大きな拍手がおこりました。気が付いたら花道の七三に立っている、というのが面白さなので、『どうしてだろう。下手なんだなあ』と思っていたら、イヤホンガイドの解説で『これが智籌の出です』としゃべっていた。『勘弁してよ』と思いました」

頼光に智籌は、自身の続けてきた厳しい修行を語り、頼光と仏法についての問答をする。

「二度、三度、トンと足を踏む場面があります。それでありながら、なるべく静かにとも言われる。どうしようかと思いましたが、頼光を演じてわかりました。トンとやられると、その時だけ頼光はふっと夢から醒めて我に返り、その後、また智籌の術に吸い込まれるんです」

智籌は蜘蛛の糸を投げつけて去る。糸は家ごとに弟子が作る。

「うちでは糸は（尾上）音吉が作っていました。紀尾井町のおじさんの、『お前のところの弟子だと音吉だ』とのご指名でした。手先が器用でコツコツと仕事をする人ではないとできません。うちではヒューズを重りにして巻いています。あまり大きくても小さくてもいけない。片手で切ってすぐにぱっと放れるように自分の手にしっくりくる大きさがあります。団子になって飛んではいけないからコツが必要です」

ちなみに糸は鉛筆の芯を重りにする家もある。私は投げたものを床から拾って確かめたことがあるので間違いない。家によって独自の工夫がなされている。

二〇二二年五月の「團菊祭大歌舞伎」では、長男菊之助の僧智籌実は土蜘の精、孫の丑之助の太刀持音若で頼光を勤めた。

「頼光が眠ってボヤっとしているところに僧が出て来る。智籌の影がおかしいのに気づいた音若に、『のうのうわが君、御油断あるな』と声を掛けられた頼光は、初めてぱっと目が覚め、『なに、油断すなとは』となる。そこから武将に戻ります。それまでは、ぼわっと霧がかかったような夢の中にいる。そうやると面白いんですよ。今の頼光はみんな元気過ぎるんだよね」

初代辰之助との共演は多かったが、最も心に残るのは長谷川伸作「暗闇の丑松」(一九八三年二月歌舞伎座)だという。辰之助が丑松、菊五郎が女房お米を演じた。

「演出の村上元三先生にはすごく褒めていただきましたが、今思うと二人とも、のめり込んだあまりに情に流され過ぎた気がします。引いて見ることが絶対に必要ですが、若くて余裕がありませんでした。見せるところ、聞かせるところを、あくまでも歌舞伎としてやらなければいけないんです」

初代辰之助は菊五郎にとってどんな存在であったか。

「体が大きいし、しっかりしているから頼りがいのある立役でした。亨（初代辰之助）は紀尾井町のおじさんに反発しながら尊敬をしていました」

魚屋宗五郎

初代辰之助の没後、二代松緑の指導のもと、菊五郎が立役を演じる機会はますます増えていった。二代松緑には自分が身に付けてきた芸を誰かに託したいという思いがあったのだろう。

「め組の喧嘩」の辰五郎を初役で勤めたのは一九八七年正月、浅草公会堂の「壽初春花形歌舞伎」であった。

文化二（一八〇五）年に芝神明（芝大神宮）の境内で起きた力士と鳶の喧嘩を題材にした竹柴其水作品で一八九〇年に五代菊五郎の辰五郎で初演された。

江戸町火消「め組」の辰五郎は品川宿の遊郭「島崎楼」で、配下の鳶たちが起こした喧喧嘩沙汰から、心ならずも力士の四ツ車らに詫びをいれる。気持ちの収まらない辰五郎は妻子に別れを告げ、力士との命懸けの喧嘩に向かう。最後は鳶と力士の大立ち廻りになる。

一九五一年一月明治座「初春興行大歌舞伎」で辰五郎の子、又八を演じたのがこの演目との関わり始めであった。その後も度々、鳶で出演した。

「鳶の役は子供のころは危ないので木のとび口しか持たせてもらえません。年齢がいくと段々に鉄のとび口を持てるようになります。早く鉄のとび口を持てるようになりたいと思いましたね」

力士との大立ち廻りで、若いころは勢いよく走って屋根に飛び乗った。運動神経の良さがものをいった。

「『イャー』って声を出しながら威勢よく駆けていく。屋根への跳び付きは真っ先にやっていました。屋根に手をひっかけてパンと飛び上がる。トントン運ばないと景気が悪い。初演を紀尾井町のおじさんが見に来てくれました」

一九八八年四月十六日、心不全のため、十七代勘三郎が世を去った。同年一月に歌舞伎座で「俊寛」の俊寛を初日から七日間勤めたのが最後の舞台となった。

「(二代)松緑のおじさんと(十七代)勘三郎のおじさんが立役を引っ張ってきましたからね。勘三郎のおじさんに見ていただいたのは弁天小僧です。いっぺんおじさんにも見て貰いたいと思って私からお願いしました。ところが応接間で、一対一でお話をうかがっていると、どんどん話が飛躍する。『あれをやってごらんよ』とか本当に無責任なことをおっしゃるんですが、それが面白くてね。おじさんは早く麻雀をやりたくてしようがなかったんです。あまり強くない、勢いでなさる麻雀でしたが」

五代菊五郎が一八八三（明治十六）年に初演し、六代菊五郎が洗い上げ、二代松緑に受け継がれた世話物の人気作品「魚屋宗五郎」の宗五郎を初役で勤めたのは一九八九年二月歌舞伎座の「尾上菊五郎劇団結成四十周年記念、二月大歌舞伎」であった。その月の筋書（プログラム）で菊五郎は「三、四年前から希望していたものです」と語っている。

黙阿弥作で原題は「新皿屋舗月雨暈（しんさらやしきつきのあまがさ）」。宗五郎の妹お蔦は旗本・磯部主計之助（かずえのすけ）の側室だったが、不義を理由に手打ちにされた。憤る家族をなだめていた宗五郎だが、お蔦の無実を知らされると、断っていた酒を飲み出す。宗五郎は生来の酒乱ぶりを発揮し、女房おはまの制止を振り切って磯部の館に暴れ込む。

道理をわきまえた人物と思われていた宗五郎が、酒を口にするごとに乱れ、父の太兵衛や使用人の三吉にまで暴力を振るうようになる変化が見どころだ。

菊五郎はこれも二代松緑の教えを受けた。初代辰之助没後、二代松緑の体調は著しく悪化していたが、その月は歌舞伎座公演に同座し、「楼門五三桐（さんもんごさんのきり）」の石川五右衛門などを演じていた。二代松緑は楽屋にスピーカーを置き、「魚屋宗五郎」の舞台の音声に耳を傾けた。

「おじさんはもう相当体が弱られていましたが楽屋でしっかりと聞いていてくださいました。私は徐々に酔っぱらおうと思っていましたが、『まだ計って酔っぱらっているな。お前は考えながら酔っている。芝居だから、もっとさっさと、一杯目から酔っちゃえ』と注意されました」

散々見てきた芝居だが、出演するのは初めてであった。

「紀尾井町のおじさんの宗五郎では、ぴったりチームが決まっていたので、私が出る隙はありませんでした。おやじ（梅幸）がおはま、太兵衛は最初は鯉三郎さん、その後が（二代助高屋）小伝次さん、三吉は（九代）三津五郎さん、おなぎは神谷町のにいさん（七代芝翫）。『いつかやりたい』と思いながらずっと見ていました」

菊五郎の初演では七代芝翫がおはま、二代小伝次が太兵衛という二代松緑の宗五郎でも同じ役を勤めた俳優が周囲を固めた。

「先日、せがれ（尾上菊之助）の宗五郎を見て（二〇二二年六月博多座）、自分もあんな風に苦労していたのだな、とわかりました。周りも初役が多く、チームができあがっていないので、酔ってから遠慮している。私もそうだったんだろうな、と思いました。傍若無人にやった方がいいんですよ。演じていると自然に酔ったように胸元が熱くなり、顔も赤くなってきますね」

おはまは七代芝翫の後、六代田之助が長く勤め、近年は時蔵が演じている。

「チームがレベルアップしてくると面白いものになってきます」

一九八九年二月の歌舞伎座公演を最後の舞台とし、二代松緑は同年六月二十五日に七十六歳で没した。

梅幸はその死に際し、「亡くなった日のお昼前に病院へお見舞に行って、『真夏は軽井沢で静養して、また一しょに舞台へ出ましょうね』と言いましたが、松緑さんは話す力もなく、私が帰宅して一服しているところに訃報が入り、本当に夢のようです。六十五年来の友達を失った心情は、何ともいいようのないものです」（『演劇界』一九八九年八月号）と語っている。

宗五郎を菊五郎は同年十月の名古屋・御園座で再演した。

「大変ではありますが、それでも二回目は違います。それには一回目の上演の際に、どう過ごしたかが大きい。一回目で十分に演じ、帰宅後も反省して自分の体の中に入れておくと二回目はわりあいと簡単にいけます」

大役を初めて勤めた時は、就寝後も芝居が頭から離れない。

「蒲団に入ってからも段々頭が冴えてきて目が覚めてしまう。『今日はああだったから、明日はこうしなければいけないな』とか、そんなことばかり考え、興奮してなかなか寝つかれません。気は休まりませんが、それを一か月の公演中やると、本当に役が体に入ります」

私は菊五郎が舞台で台詞を間違えたり、言い淀んだりするのを見たことがない。初役でも新作でも同様だ。秘訣があるのだろうか。

「几帳面なんですよ。覚えていなくて後見に後ろから台詞を付けられるのが嫌です。そんなことをされると頭の中がこんがらがってしまう。だから中途半端にしか覚えていなくても、『もう付けないで』といいます。たまには、それらしいことを言ってごまかすことだってありますよ」

台詞はいつ覚えるのか。

「真夜中にふっと目覚めることがあります。すぐには寝られないので台本を開き、『ここまで覚えてしまおう』と思う。午前三時か四時まで起きていることもあります。睡眠時間は長い時は八時間、短い時は二時間ぐらいかな。六代目（菊五郎）は、『四時間以上寝る奴は馬鹿だ』と言っていたそうですが、人によって体の構造は違いますからね」

台詞は自室で覚えることが多い。そこには時たま小さな来訪者もある。

「寝室は狭い四畳半ぐらいの和室です。棚とテレビがあって魔法瓶と台本が置いてある。

今は猫を二匹飼っていますが、夜中に爪をひっかけて襖を開け、シューっと入ってくることがある。中で遊ぶのはいいのですが出て行く時に閉めないので、冬場だとヒューヒュー風が入ってきて寒いです」

三代で踊る「娘道成寺」

長男・和康は一九八四年に歌舞伎座「菊五郎劇団、二月大歌舞伎」昼の部の「絵本牛若丸」（村上元三脚本・演出）の牛若丸で初舞台を踏み、六代目丑之助を襲名した。菊五郎が鬼三太、梅幸が常盤御前を勤めた。

「公演中、ケガがないようにと願っていました。一番喜んでいたのは父でした。ただ『いい子だ、いい子だ』とやっていればいいのだから責任がありません。孫（現・丑之助）の初舞台（二〇一九年五月歌舞伎座）の時の私もそうでした」

菊之助の長男の現・丑之助の初舞台も同演目の牛若丸であった。

時を経て一九九二年十一月、歌舞伎座「吉例顔見世大歌舞伎」夜の部で上演されたのが「京鹿子娘三人道成寺」である。梅幸の喜寿（七十七歳）を祝う舞台で、梅幸が白拍子花子、五十歳の菊五郎が同桜子、十五歳の丑之助が同音羽の名で三代揃って人気舞踊の「娘道成寺」を踊るとあって評判となった。

「藤間宗家（三代勘祖）が三人用の振りを考えてくれました。音羽は岡本町のおじさん（六代歌右衛門）の命名です。私は父とせがれに挟まれて大変でした。父は平気で自分の『娘道成寺』を踊り、三人で向き合おうとしても一人だけ正面を向いている。丑之助は教わった通りにきっかりと踊る。私は、ある時は父、ある時は丑之助と、どちらかに合わせなければならないので疲れました」

元気に見えた梅幸だが、この時点で、すでに体は病魔にむしばまれていた。

「人間ドックに行かせようとすると、『もし、悪いところが見つかったらどうするんだ』と食ってかかる。なんとか説得して母と一緒に検査を受けさせたら、二人ともに癌が見つかりました。父は気管支と食道の分岐点のような手術のできない場所、母は全身でした。知っていたのは家族だけです。父は誰にも言いませんでした。昔の役者はそんなものです。あの時に三人で踊ることができて良かったと思います」

実盛　玉手御前

一九九〇年九月に歌舞伎座で初役で勤めたのが「実盛物語」の斎藤実盛である。

寛延二（一七四九）年初演の人形浄瑠璃「源平布引滝」の三段目。

平清盛に敵対した木曽義賢（よしかた）の妻で臨月の葵（あおい）御前を匿（かくま）う百姓九郎助は孫の太郎吉と片腕を拾って帰宅する。そこに平家方の武将・斎藤実盛と瀬尾十郎が現れ、生まれてくる葵御前の子を検分し、男児なら命を奪うという。九郎助は拾った片腕をきれいで包み、葵御前がこれを生んだと偽る。瀬尾が去った後に実盛は琵琶湖で平宗盛（むねもり）の乗船に泳ぎよった白旗を持つ女の腕を切り落としたと明かす。元源氏方の武将の実盛は、源氏の白旗が平家の手に渡るのを恐れたのだ。

腕を切られた女・小万（こまん）は九郎助の娘で太郎吉の母。そこに村人が小万の死体を運び込む。片腕を繋ぐと小万は蘇生し、太郎吉の今後を頼んで息絶える。葵御前は後に木曽義仲となる男児・駒王丸を産む。戻ってきた瀬尾は、わざと太郎吉に討たれる。小万は拾い子で、実は瀬尾の子であった。瀬尾は太郎吉を駒王丸の家臣にして欲しいと頼んで亡くなる。

「お客様に、演じていて気持ちがいいだろうなと思わせなければいけない役です。『盛綱陣屋』の佐々木盛綱や『熊谷陣屋』の熊谷直実と異なり、実盛は一度も引っ込まずに舞台に出続けます。葵御前の出産があり、子役の太郎吉や九郎助、その女房の小よしとのからみもあって気が抜けません。ただ、『気持ちいい』でやり過ぎるとお客さんが飽きてしまう。トーンをいろいろに変化させることが必要です。瀬尾が死んでからが実盛の本当の芝居場なので気持ちを繋げ、お客さんを引っ張って行けるように最後までパワーを取っておかないといけません」

鬘の形から「生締め物」と呼ばれる理非をわきまえた爽やかな武将の役だ。

「生締め物は難しい。姿勢を良くし、声量もいります。九郎助に聞かせるようにして葵御前に聞かせる。両方に気を使わなくてはいけない。歌舞伎にはそういう役が多いですね」

梅幸から教わった女方の役に「摂州合邦辻」の玉手御前がある。一九九一年六月に新橋演舞場で初役で勤めた。

安永二（一七七三）年に人形浄瑠璃で初演された。大名・高安家のお家騒動が主題だ。高安通俊の後妻・玉手は、妾腹の次郎丸による嫡子の俊徳丸殺害の陰謀に気付く。玉手は俊徳丸に偽りの恋を仕掛け、顔の崩れる毒酒を飲ませた。家を逃れ出た俊徳丸と婚約者の浅香姫は玉手の父の合邦に匿われる。後を追った玉手は父に俊徳丸と夫婦にしてくれとせがむ。怒った合邦は玉手を手に掛ける。玉手は真相を明らかにし、薬に自分の肝臓の生血を混ぜて飲ませれば俊徳丸の病気は治ると話してすべてを見届けた後に息絶える。

梅幸が評判をとり、好きだと語っていた役だ。

「女方で幕を切れる数少ない役なので、自分からやりたい、と申し出ました」

梅幸は『梅と菊』に、「私は俊徳丸にほんとうに惚れることにしている。惚れているからこそ一時、命を助けるために毒酒を盛って（中略）顔をみにくくするという行き方で、そうしてこそこのドラマは盛り上がると思う」と記している。

「貞女ではありますが、俊徳丸を好きだったと思います。義だけではなく愛情でね」

合邦は三代権十郎、母のお徳は六代菊蔵が演じた。

「合邦がどんどん攻めて、玉手はさらりと受け流す。自然に入れました」

非道を怒り、俊徳丸を元の顔にして、と訴える浅香姫を玉手は突きとばす。

「特に片肌を脱いでからが気持ちいいですよね。浅香姫を突きとばして見得をし、『怒る眼元は薄紅梅』の詞章で激しさを増します」

五郎蔵　丑松

「御所五郎蔵」の五郎蔵も度々手掛けている役だ。一九九一年十月の御園座が初役であったが、それまでにも相手役の皐月を勤めるなど、作品を熟知していた。

黙阿弥作で原題は「曽我綉侠御所染」。元治元（一八六四）年に初演された。「御所五郎蔵」は原作の後半部分にあたる。

侠客の五郎蔵は浅間家の家臣であったが、腰元皐月との不義が露見して浪人した。遊女となった皐月は浅間家旧臣で剣術指南の星影土右衛門に言い寄られている。五郎蔵は旧主・浅間巴之丞の恋人である遊女逢州を身請けする金の用立てを皐月に頼む。土右衛門に金を貰った皐月は、条件として五郎蔵に愛想尽かしをするように命じられる。皐月の愛想尽かしに逆上した五郎蔵は土右衛門と皐月を待ち伏せするが、皐月と思って殺害した相手は逢州であった。

五郎蔵と土右衛門は「五條坂」で対面する。五條坂と言いながら吉原仲の町そのままの情景なのだが、土右衛門と弟子たちは本花道、五郎蔵と子分たちは仮花道に並び、客席を挟んで対面する。両者が七五調の台詞を互い違いに口にする「渡り台詞」のある華やかな場面だ。五郎蔵と土右衛門が舞台で刃を交えようとしたところに甲屋与五郎がとめに入る。

「ここは威勢よく気持ちよくやっておかないと、後の縁切りでカッとなるところが引き立ちません。親分で兄貴と讃えられている男が女に愛想を尽かされたら、どれぐらい怒るか。

縁切りでは怒り任せに床几をひっくり返します」

一九九四年四月には、国立劇場大劇場で「暗闇の丑松」（村上元三演出）の丑松を初役で勤めた。初代辰之助の丑松で相手役のお米を演じた思い出深い芝居であった。

「お米も手掛けていたし、紀尾井町のおじさんの丑松を覚えていたので、割合にすんなりと入れました」

料理人の丑松にはお米という恋女房がいたが、お米の強欲な養母お熊は妾奉公に出そうとしてお米を監禁する。お米を救い出そうとしてお熊と雇われた浪人を手にかけた丑松はお米を兄弟子であった四郎兵衛に預けて江戸を離れる。

江戸への戻りがけに立ち寄った板橋宿で、丑松は遊女となったお米と再会する。お米は四郎兵衛のせいでこうなったと訴えるが、丑松は耳を貸さず、お米は自害する。真相を確かめた丑松は四郎兵衛の家で女房のお今の命を奪い、湯屋で四郎兵衛を殺害する。

「面白い役です。板橋宿では弟分の祐次とも会う。丑松は自分の正体がわかるのではとびくびくしながらも、祐次の喧嘩っ早さをわが身に重ね合わせます」

四郎兵衛殺害は湯屋で行われるが、その場面はない。舞台には湯屋の裏側が再現され、湯屋番頭が湯を熱くしたり、ぬるめたり、桶を重ねたりと小まめに立ち働く姿を見せる。丑松はそっと出てきて物陰に潜む。そこに客が、湯の中に人が沈んでいると知らせに来る。

丑松は隙を見て外に飛び出す。

「湯屋番頭は、前は（四代）菊十郎、今だと（市村）橘太郎です。江戸弁を操り、桶をとんとんと威勢よく重ね、やることが多い。芸達者ではないと勤まらない役です。当時の風物が出て来るのもいいですよね。女方が肌を出して『ちょいとぬるめておくれよ』とか言ってね。板橋宿では牛太郎（遊女屋の客引き）や遣手（遊女の監督）のおばさんも出てきますが、それぞれに生き生きしていないといけない」

滅多に上演されないが、原作には、その後に「金子の道場」という一場がある。捕り手に追われた丑松は金子市之丞の開く町道場に逃げ込む。丑松から子細を聞いた市之丞は彼を見逃してやる。

「（初代）辰之助の丑松でお米を演じた時に、演出の村上先生が、『金子の道場』をやろうと言い出しましたが、辰之助が絶対に嫌だ、と応じませんでした。『これから先はどうなるのだろう』というところで止めておいた方がいいということです」

髪結新三

菊五郎がこよなく愛する「髪結新三」の新三を初役で勤めたのは一九九四年五月、歌舞伎座の「團菊祭大歌舞伎」であった。

「引き出しで作り上げたような役です。もう紀尾井町のおじさんはいらっしゃらなかったし、見てくれる先輩もいませんでした。それでも生前におじさんから、いろいろな話をうかがっていたので、お客様はまだるっこしいと思われたかもしれませんが、自分としてはすんなりと役に入れました」

「芸の引き出し」とは歌舞伎俳優がよく口にする言葉だ。学んだことを心身におさめ、いざという時に引き出して使うことを意味する。

原題は「梅雨小袖昔八丈」。黙阿弥作で一八七三年六月に五代菊五郎の新三で初演された。以降は六代菊五郎や十五代羽左衛門に受け継がれ、二代松緑、十七代勘三郎も得意とした。

店を持たず、商家などをまわって仕事をする髪結いの新三は仕事先である材木商の白子屋で、縁談の持ち上がっている娘のお熊と手代(てだい)の忠七が恋仲と知る。新三は忠七を騙してお熊をかどわかし、自分の長屋に連れ込んで白子屋をゆすって金をせしめようと企む。事をおさめにきた大親分の弥太五郎源七をやり込めた新三だが、大家の長兵衛には丸め込まれてしまう。

菊五郎は二代松緑の新三で二度お熊を演じた。

「紀尾井町のおじさんは新三の話をよくしてくれました。おじさんは本当に新三が好きで、何かというと『新三はこうなんだよ』と引用されました」

新三は「上総無宿の入墨新三」とすごむ。過去に刑罰を受けた印として腕に入れ墨が刻まれた小悪党だ。

だが、二代松緑は菊五郎に「あの時代は全国から江戸に男が集まり、みんな、いい顔になりたいと思っている。だからいい男でやれよ」と教えた。犯罪者のように演じてはいけない、という意味だ。

「私は完全に江戸っ子でやります」と菊五郎。「白子屋見世先」では忠七の髪をなでつける髪結いの仕草を見せ、道具箱から油やハサミを取り出して鮮やかに使う。観客が沸くところだ。そうしながらも忠七に話を持ち掛ける。お熊を外に連れ出した後に、諭して家に帰せば、みんなに感謝されるというのだ。

「耳元でおいしい言葉を言われると忠七もそうかなと思う。悪魔のささやきです。ここはわりといい男でやっておき、次の『永代橋』の場面に繋ぎます」

弟分の勝奴（かつやっこ）にお熊をかどわかさせた新三は永代橋で雨の中を連れ立って歩いてきた忠七を足蹴にし、本性をむき出しにする。

「台詞はわりと時代味を強くします。サラサラいくとお客さんがわからない。もう本当に図太い奴で、何回も口にしている間に『お熊は俺の女だ』と自分でも思い込んでいるので自信満々です。忠七を下駄で踏みつけての『相合傘で白張りのてめえの面にべったり印をつけてやる』という台詞は憎々しくやる。踏みつける時は、忠七の俳優が痛くないように下駄の歯と歯の間にうまく腕がはまるようにします」

騙されたと知って絶望した忠七は身投げしようとしたところを弥太五郎源七に助けられる。

「荒川のおじさん（三代左團次）の忠七は、新三が去った後、独吟に乗っての独り舞台が素敵でね。その時に、必ず見ていたのが神谷町の兄さん（七代芝翫）。二人で一緒に黒御（み）簾（す）の中からおじさんの忠七を注視していました」

「新三内」では湯上りの浴衣がけで髷に房楊枝を刺して花道から登場し、通りがかった鰹売りから鰹を買う気前の良さも示す。

「あんな格好いい姿はないですよね。いい男ぶって風呂から帰ってくる。早く弥太五郎源七のような、ちょっと顔を出せば相手がお金を包んでくるような顔役になりたいと思っている。『新三内』では植木に水をやりますし、庶民の暮らしが垣間見えます。初物の鰹を買うのも、けちんぼうばかりの長屋の中で自分は違うんだ、ということです。損しても自分の名を売りたい男です」

鰹売りが小道具の鰹をさばくところでは、その鮮やかな仕草に観客が沸く。

「鰹の解体ショーもね、ここで水を使うとか、台詞や動きがうまくできています」

お熊は縛られて押入れに閉じ込められている。

「閉じ込められている間は、もちろん本当に押入れの中にいるわけではありません。お熊を勤めた時は、舞台袖で紀尾井町のおじさんの新三をずっと見ていました」

そして源七を侮辱して追い返す。

「最初から思い切り辱めて喧嘩する気でいます。勝奴に『あれで親分だとさ』と語りかけて源七をむかむかさせます。勝奴は次の新三の位置を狙っている男で、『勝奴が魚屋宗五郎の三吉になっちゃだめだよ』とみんなに言われる役です。源七は新三とやりあっても得はない。相手は何をするかわからないチンピラですから、腕の一本でも折られたら損です。一方の新三はこの事件が大きくなったら源七の顔もつぶれるから大丈夫だろうと高をくくっています」

その新三も大家の長兵衛には手もなくやられる。

「腕の入れ墨は大家さんの時に初めて見せます。新三は牢屋入りも怖くない。入れば入ったただけ箔が付くと考えています。台詞の運びも源七の時とは違い、大家さんには、ちょっと下からおべっかを使うように出ますが、段々にやっつけられてしまう。勝奴と『どうにも俺にはわからねえ』と首をかしげます」

重箱の隅をつつくような芝居という。

「細かいんですよ。時代と世話の台詞を使い分けます。最初は台詞を言って動くことだけに神経がいきますが、周りが見えてくると段々面白くなってくる。例えば時代物の『熊谷陣屋』で相模がちょこちょこ動いたら邪魔になりますよね。ですが世話物は動いても大丈夫。新三は気障っていうのかな。面白くて、面白くて大好きな役です。公演の一か月があっという間にたっちゃいます」

宝塚でびっくり

宝塚歌劇団雪組が一九九四年十一、十二月の宝塚大劇場、一九九五年三月の東京宝塚劇

場で上演したミュージカル「雪之丞変化」（三上於菟吉原作、柴田侑宏脚本・演出）で菊五郎は初の外部演出を行った。

「いっぺん演出というのをやってみようか、と思いました」

歌劇団との間を取り持ったのは菊五郎襲名をスクープした元共同通信記者の和田秀夫であった。同作品は歌舞伎俳優の中村雪之丞が親の敵を討つ復讐（ふくしゅう）劇である。雪之丞は当時の雪組男役トップスター、一路真輝。劇中劇の「将門」では滝夜叉姫（たきやしゃひめ）を演じた。

菊五郎は兵庫県宝塚市の歌劇団稽古場に足を運んだ。

「柴田さんの演出で大体出来上がっていたので、私は歌舞伎部分の『だんまり』のやり方や立ち廻りなどの指導をしました」

歌劇団の生徒の統制ぶりには驚かされた。

「傘を振る場面では全員の傘の高さがびしっと極まる。『右を向いて』と指示した後に、柴田さんと五分ほど話し込み、ふっと生徒に目をやったら、まったく同じ格好をしたまま待っている。歌舞伎俳優なら、てんで勝手なことをしているところなので、感心しました」

生徒には「久しぶりに男が来た」と言われたという。

「演出家ぶっている自分自身が気持ち悪く、物言いがぶっきらぼうになっていた気がします。また演出の話がきたら、もっと違う形でやってみたいです」

忘れられない父の言葉

梅幸の病状はますます悪化していた。一九九四年十一月、歌舞伎座の「吉例顔見世大歌舞伎」の「雪暮夜入谷畦道」で、三千歳を初日の同一日から六日まで勤めて七日から休演した。二十六日の「松竹百年手打ち式」への出席が人前に顔を見せた最後となった。

「後になって、父を病院に入れず、最後まで舞台を勤めさせたら良かったのかな、舞台で倒れた方が幸せだったのかな、とも思いましたが、わかりません。その時は、『ちょっと休んだ方がいいだろう』という程度の感じだったのが、徐々に病状が悪化していきました」


歌舞伎俳優の父と息子の関係は一般家庭とは異なる場合が多い。

「おやじは劇団をまとめていくために、言いたいこともあまり言わずに女方としての立場を守り、一歩引くような感じでした。それが役者としていいのか悪いのかはわかりませんけれどね。几帳面で、帰宅後も劇場への通い着のズボンとシャツをおふくろに手伝ってもらって部屋着に替え、寝る時はまた着替えていました。私のように帰宅してすぐにパジャマということはありませんでした。おやじにクラブに誘われて二人で出かけても、先輩と一緒のような気がしてこちらが無口になってしまう。子供の時からずっと師匠と同じ家に住んでいるようなものでしたから、その気分は抜けないですよ。結婚して逃げるように家から出ました」

妻の純子も証言する。

「父の家で用事を済ませた後、お母さまが『ご飯を食べていく?』と、おっしゃっても、夫は師匠と弟子というのがあって煙たいのでしょう。『今日はちょっと用事がある』とか言って帰ってしまう。父も寂しかったのではと思います」

一九九五年三月二十四日午前十時五十五分に梅幸は七十九歳で没した。女方から二枚目まで多くの当たり役を持つ俳優であった。

当日、菊五郎は国立劇場大劇場で「碁太平記白石噺（ごたいへいきしらいしばなし）」の信夫と「次郎吉懺悔（じろきちざんげ）」の次郎吉を演じていた。

「医者からは『ご覚悟ください』と言われていました」

菊五郎は『演劇界』（一九九五年五月号）の追悼で「舞台に関しても私生活でも、父が最も重きをおいていたのは礼儀作法でしょう。（中略）舞台も平素も、父に怒られたことも褒められたこともありません。社交上手な反面父は私生活に弱い人間で、うちでは子供にどうやって対応していいかわからずに、家庭内で一線を引いていました。テレや威厳を保つためにではなく、本当にどうしていいか判らないのです。（中略）おもてづらはとてもいいのに、うちで世間話が出来ない。大声をあげて笑ったり馬鹿ばなしをしたことは一度もありません」と語っている。

同年八月七日には、後を追うように母の珠子が亡くなった。

梅幸没後、「尾上菊五郎劇団」の代表は菊五郎に引き継がれた。

「（十七代）羽左衛門のおじの自宅に『よろしくお願いします』と、ご挨拶にうかがった時、『これからは清い水も汚れた水も飲んでいかなくてはならないよ』と言われましたが、私は汚れた水は一度も飲んだことはありません。みんながついて来てくれました」

普段は寡黙な人であったという梅幸が、晩年に菊五郎に口にした忘れられない言葉がある。

「亡くなる一年ぐらい前の体が弱った時、おやじが『ありがとうよ』と口にしました。驚いて『えっ』と返したら、『音羽屋のものを次々とやってくれてありがとう。俺はできなかったけれどね』と。おやじからありがとうと言われたのは、それが初めてで一度だけ。自分も立役をやりたかったのかなと思いました。おやじは自分がやらなかった役については、絶対に口を出しませんでした。よほど聞くと『豊さん（二代松緑）はこうやっていたよ』と教えてくれました」

梅幸とのエピソードをひとつ紹介しよう。

「私の遊びが過ぎ、かみさんがおふくろに相談し、おふくろが親父に話して劇場への出勤前に朝ごはんを一緒に食べようということになりました。名古屋のホテルでしたね。おふくろが『あなたいい加減にしなさい』と私に説教をしていると、おやじが妙な助け船を出してくれるんだ。『ここのベーコンエッグのベーコンは固いから気を付けた方がいいぞ』。おふくろが怒ってね。『あなた、そんな話をしている場合じゃないでしょう』。それで話が途切れてうやむやになりました。だから助け船にはなったのかなあ」

梅幸夫妻の金婚式を行ったことがあった。

「私の企画で関西の澤田隆治さんにプロデュースをお願いしました。おふくろは芸能界の人ではなく、全くの素人でしたから、一回化粧をして芝居めいたものをやりたいというのでおやじが若衆の格好をして、おふくろは舞妓の姿で記念写真を撮りました。ダンスホールで知り合ったというから、二人でダンスを披露しお客様もご一緒にダンスを楽しみました」

澤田は高視聴率のお笑い番組「てなもんや三度笠」などを手掛けた元朝日放送の名プロデューサーで、二〇二一年に亡くなった。

「おやじは弟子にも優しかった。もっと喜怒哀楽を出せばいいのにと思いました。劇団をまとめあげていくという意識が強かったのではないかな。自分が声を荒らげてみんなが嫌な気持ちになるのを避けたのでしょう。敵を作らない人でした。おふくろは私とおやじの橋渡しをし、私たちが思っていることもおふくろを通しておやじに言っているようなところがありました。おやじもおふくろの言うことには耳を貸しました」

梅幸の舞台では「弁天小僧」が好きだという。

「ちょっと女方の部分がある。あれは真似できない。私たちがやるとただの不良少年になっちゃうんだけれどね。そこに女方の色気が出る。紀尾井町のおじさんに、『お前の弁天もいいけれど、誠ちゃん（本名・誠三）の弁天には不思議な色気があったな』と言われました。『合邦』の玉手御前には俊徳丸に対する愛情があり、『助六』の揚巻には意休なんか相手にしないような大きさがありました。（九代）海老蔵のおじさん（十一代團十郎）、紀尾井町のおじさんという二人の立役に育てられた面もあったのでしょうね」

女方だが普段は全く女性的な素振りを見せない人であった。

「それでも玄関で靴を脱ぐと必ず内輪になっていましたね」

芸に対しては常に真摯であった。

「地方に行って、かなり砕けた席で芸者さんが民謡に合わせて踊り出すと、ぱっと正座をする。もっとリラックスすればいいのに、と思ったこともありました」

梅幸を思い出すことがあるかと尋ねてみた。

「年中です。おやじだけではなく、紀尾井町（二代松緑）、坂東のおじさん（十七代羽左衛門）も夢に出て来る。それで『ひーちゃん、そんなに（化粧で）白く塗ったら駄目だよ』とか言われます。必ず芝居がらみです。『しかし、待てよ。今月こんな芝居やっていないな』と思ってぱっと目が覚める。みんな元気な姿でありありと出てきます」

第五章

果てなき道

復活上演「旭輝黄金鯱」の金鯱観世音（2010年1月、国立劇場）

「一條大蔵譚」の一條大蔵卿（2009年12月、南座）

左官長兵衛

一九九五年十一月歌舞伎座で菊五郎は「人情噺文七元結」の左官長兵衛を初めて勤めた。三遊亭圓朝口演による落語の人情噺を榎戸賢治が劇化し、一九〇二年に五代菊五郎の長兵衛で初演された。

長兵衛は腕の良い左官だが博奕にのめり込んで家計は火の車。身ぐるみはがれて帰宅すると女房お兼から娘お久がいなくなったと告げられる。そこに尋ねてきた吉原の妓楼、角海老の使用人、藤助が、お久は角海老にいると伝える。長兵衛は角海老で女将お駒から、借金がかさんで喧嘩の絶えない両親を心配してお久は自ら身を売ろうとした、と聞かされる。お駒は長兵衛を諭し、お久の孝心に免じて翌年三月までに返すことを条件に五十両を貸してやろう、だが返せなかったらお久を遊女として店に出すと言う。

五十両を懐に道を急ぐ長兵衛は身投げしようとした小間物屋、和泉屋の手代文七を助ける。掛け取り金五十両を紛失したのでお詫びに死のうと思ったと文七から聞かされた長兵衛は五十両を文七に与え、名乗らずに立ち去る。

翌日、事情を話すが信じないお兼と夫婦喧嘩をする長兵衛の家を和泉屋の主人清兵衛と文七が訪れる。清兵衛は、五十両は文七が掛け取り先に忘れてきただけだと伝える。清兵衛はお久を身請けし、文七との縁談を持ちかける。

菊五郎は一九六二年十二月の東横ホールのお久を手始めとし、文七、角海老女房を演じていた。

「(三代) 左團次のおじさん、(十七代) 勘三郎のおじさん、(五代) 富十郎さんの長兵衛を経験し、『いずれ長兵衛を』と思いながら、他の役を勤めていました。見て覚える、耳に入れておく、それを重ねながら間(ま)を勉強しました。常に『こういうやり方もあるのか、自分の時はこうしよう』と考えていましたね」

三代左團次の長兵衛で文七を勤めた一九六三年三月の巡業での記憶も鮮明である。

「本当に寒そうに敷蒲団を膝にかけてね。長兵衛らしい長兵衛でした」

六代歌右衛門と政岡　白雪姫

二〇〇一年三月三十一日には梅幸と女方の双璧をなした六代歌右衛門が亡くなった。菊五郎は、女方屈指の大役、「伽羅先代萩(めいぼくせんだいはぎ)」の政岡を初役(一九八五年十月歌舞伎座)で演じる際に歌右衛門の教えを受けた。大名・伊達家のお家騒動をモデルにした演目である。

政岡は乳母をつとめる足利家の若君・鶴千代を敵方の手から守るため、わが子・千松を犠牲にする。鶴千代の代わりに毒入り菓子を食べた千松が敵方の八汐（やしお）に刺されて命を落とす「御殿」の前に、人物の関係性がよくわかる「竹の間」をつけた上演であった。政岡は梅幸も得意とした役だ。

「父に相談したところ、歌右衛門のおじさんに教わるのがいいだろうと言って頼んでくれました。父は『竹の間』の政岡の経験はありませんでした」

若君を毒殺から守るため、政岡が茶道具を利用してご飯を炊く、「飯炊き（まま）」も劇中の見せ場のひとつだが、この時はあえて外した。

「政岡は純女方の役ですが、私はそうではないので、『飯炊き』よりも『竹の間』を入れて筋を通した方がいいと考えました。なるべくわかりやすくとは、当時の松竹の永山武臣社長の意向でもありました」

真女方（まおんながた）ともいう。女方を専一とする俳優の意味である。

歌右衛門を教え上手と評する。

「細かく、手取り足取りで、教わりに行った人間が乗ってくるご指導でした。千松が殺される時は、八汐に飛び掛かりたいような思いがあり、それをぐっと我慢する、とおっしゃいました。おじさんはこういう気持ちでなさっていたのかと思いました」

　鶴千代を見舞いに来た山名宗全の奥方・栄御前が帰るまで政岡は気を抜けない。

「栄御前を見送ってからも、どこに間者（かんじゃ）が潜んでいるかわからないので、四方を見回します。いないのを確認して初めて悲しみを露わにします」

　政岡が千松の亡きがらを前に浄瑠璃（竹本）に乗って子の忠義をたたえる場面がある。

「『誠に国の』の台詞で三味線が入ると、おじさんが『音羽屋』とおっしゃったので、何かご注意があるのかと思って止めたら、『と、お客様から声がかかるようにやんなくちゃいけないよ』。面白いお稽古でしたね」

『演劇界』（二〇〇一年七月号）の歌右衛門の追悼で菊五郎は「（筆者注・政岡は）ああした大役ですのに稽古中うまく配分して下さり、稽古を始めて半月くらいからスーッと入れるようになり、すみずみの人にまで気を配って下さったおかげで、初日には肩に力が入らず、ふーっと出来たのが有り難かった」と語っている。

　ことに印象に残るのが、「そんなに引っ込んでいてはだめだよ。前に出ておくれ。女方は引いちゃだめ。そうしないと立役が横を向くことになるよ」という言葉だ。

「なるほど、と思いました。例えば『魚屋宗五郎』です」

　宗五郎は菊五郎の得意な役だ。宗五郎の家を手討ちにされた妹と親しかったおなぎが訪ね、宗五郎は死の真相を聞く。

「おなぎが遠慮して後ろに下がると宗五郎は横向きになってしまいます。おなぎがちょっと前に出て来ると非常に楽です。『立役を立たせるために前に出るんだ。芝居全体を左右するのは女方だよ』と言われました」

歌右衛門とは若い時にちょっとおかしな関わりもあった。

一九六四年一月、丑之助時代の菊五郎は二劇場に掛け持ち出演していた。歌舞伎座の昼の部「杜鵑孤城落月（ほととぎすこじょうのらくげつ）」で歌右衛門の淀の方で千姫を勤めた後、東横ホールに出かけ、昼の部で「寿曽我対面」の十郎、同じく夜の部で「勧進帳」の義経を演じるというハードスケジュールであった。「対面」で化粧坂少将を演じていたのが当時は加賀屋橋之助を名乗る現在の中村魁春（かいしゅん）。六代歌右衛門の養子である。

「杜鵑……」は坪内逍遥作の新歌舞伎。大坂夏の陣で落城寸前の大坂城が舞台になる。淀の方は悩乱し、徳川家康の孫で豊臣秀頼の正室、千姫への怒りを募らせる。

「東横ホールの終演後に、みんなで遊びに出かけてお酒を飲み、魁春さんがべろべろに酔っぱらって帰宅しました。その翌日。歌右衛門のおじさんの淀の方が千姫を叩く場面で、『よくもうちの倅を酔っぱらわしたね』と小声でおっしゃりながら私のおしりをパカパカ叩きました。そんな茶目っ気もおありでした」

エピソードをもう一つ。「日本俳優協会」が俳優の研修などの費用にあてる資金調達のために開く催しが歌舞伎俳優のオールスター戦とでもいうべき「俳優祭」である。

一九七五年一月三十日に国立劇場大劇場で行われた第十六回公演で上演されたのが、菊五郎脚本による「白雪姫」で、現在でも「名作」の誉れが高い。

歌右衛門の白雪姫、十七代勘三郎の后実は魔法使い、八代幸四郎（初代白鸚）の王子で、梅幸、二代松緑、七代芝翫、二代鴈治郎、七代簑助（九代三津五郎）、二代又五郎、十七代羽左衛門が七人の小人、菊五郎がリス、初代辰之助がキツネ、十代海老蔵（十二代團十郎）がシカ、二代吉右衛門がクマ、八代中村福助（四代中村梅玉）がウサギ、五代男女蔵（四代左團次）がタヌキ、七代亀蔵（楽善）がサル、二代澤村藤十郎が鏡の精、十三代仁左衛門が狩人という豪華な配役であった。

「（「俳優祭」の演目で）『ひーちゃん、何か考えていることない？』と成駒屋のおじさんがおっしゃったので、『白雪姫なんてどうでしょう』と申し上げて台本を作ったら、とても気に入ってくださいました。（六代）菊蔵さんも手助けをしてくれました。（二代）鴈治郎のおじさんの小人がかわいくてね。『あたしがお背中流しましょう』と白雪姫に言うと、成駒屋のおじさんが吹き出した。成駒屋のおじさんが舞台で吹き出したのを初めて見ました」

舞台は大好評で、「俳優祭」屈指の人気演目となった。一九八三年に白雪姫と魔法使いは同じ配役で王子が二代松緑で再演され、一九九七年には四代雀右衛門の白雪姫、十二代團十郎の魔法使い、九代幸四郎（二代白鸚）の王子、菊五郎の鏡の精で再々演された。

一九八八年三月の「歌舞伎ワラエティ　西遊記」も菊五郎の構成・演出で、八代福助（四代梅玉）の三蔵法師、十二代團十郎の孫悟空、菊五郎の猪八戒、八代彦三郎（楽善）の沙悟浄の配役であった。

菊五郎は一九九五年十二月に国立劇場で「梅照葉錦伊達織（裏表先代萩）」の政岡、小助、仁木弾正の三役を演じた。「先代萩」の書き換え狂言で、小助は小悪党、仁木は立役の敵役だ。

「おじさん（六代歌右衛門）に、『裏表先代萩』で『仁木と政岡をいたします』とご挨拶したら、『わかりました。けどね、ひーちゃん、先代萩は政岡のものだよ』。思わず、くすっと笑いました」

ちょっと怖い思いをしたこともあった。

一九九一年一月の歌舞伎座で「仮名手本忠臣蔵　八段目」の小浪を歌右衛門の戸無瀬で勤めた。「九段目」の前段である舞踊の「道行」場面だ。

高師直への塩冶判官の刃傷の際に居合わせた加古川本蔵は判官を止める。本蔵は桃井若狭之助の家老で娘の小浪は塩冶家家老の大星由良之助の子・力弥の婚約者であった。本蔵の妻・戸無瀬は嫁入りさせようと小浪を連れて由良之助一家が住む山科に向かう。その道中を描いた舞踊である。

「成駒屋のおじさん（六代歌右衛門）との共演はどうかと聞かれ、『もう私なんかただの杖ですから』とうっかり口にしたのを、おしゃべりな奴がおじさんに伝えたらしい。おじさんに『ひーちゃん、あんたは普通の杖じゃない。金の杖だよ』と言われました。少しでもおじさんの支えになればと思っただけなんですけれどね」

三代権十郎と法界坊

一九九八年二月には三代権十郎が世を去った。

「いろんなお役を教わりました。いつも機嫌がいいおじさんで、『鳥辺山心中』のお染をおじさんの半九郎で演じたこともありました」

一九八九年十二月には国立劇場大劇場で「法界坊」の法界坊を初役で演じた。

原題は「隅田川続俤」。奈河七五三助作で天明四（一七八四）年に初演された。「隅田川物」ではあるが、主役は破戒僧の法界坊。金のために吉田家の重宝、鯉魚の一軸の盗みに手を貸し、永楽屋の娘・お組を誘拐しようとし、実は吉田松若である要助の婚約者である野分姫を殺害する。

殺人を辞さない冷酷さを持ちながら愛嬌も必要とする。それまでに手掛けたことのないタイプの役であった。

戸板康二はこう記した。

「最近、いろいろな役を演じ、未知の芸域を開拓しようという意欲のあふれている菊五郎が、こんどは法界坊と取り組むことになった。『暫』の時もいささか驚いたが、この破戒僧は、何しろエノケンが屈指の当たり役にしていたものだけに、音羽屋の役者とは、元来遠いところにあるわけである。勇気凛々の趣がある」(『演劇界』一九九〇年一月号)

エノケンとは榎本健一(一九〇四~一九七〇年)。昭和初期から舞台や映画で活躍し、喜劇王と呼ばれた俳優である。

二枚目の菊五郎が演じるのを意外に思う観客も多かったのではないか。

「そう思われる方たちに見せるまでが大変でした。イメージを変えていただかないといけない。『今まで二枚目をやっていた人があんなのをやっちゃって』と思われたらおしまい。イメージと違うものをやる時は苦労しますね」

この時に法界坊をやりこめるのにひと役買う道具屋甚三(じんざ)を演じたのが三代権十郎であっ

た。

「おじさんが覚えられずに、イヤホンで台詞と動きを付けてもらっていました。『ぐるっとまわって』と指示が出た時に、台詞だと思って『ぐるっとまわって』と言っちゃった。おかしくてたまらなかった。おじさんは撫子(なでしこ)が好きで、人に頼まれて、よく撫子の絵を描いていました。お付き合いのあった女性の家に誰かが行ったら、家中の襖に撫子が描いてあった、といいます」

九代三津五郎　十七代羽左衛門

若き日の菊五郎が二代松緑に踊りを教わった際に代稽古にも立った九代三津五郎が没したのは一九九九年四月一日であった。

「三津五郎さんや(六代)菊蔵さんには、よく教えていただきました。ビデオのない時代に育った方なのに本当によく芝居を覚えていて、いろいろなことをご存知でした。昔は台本を役者に渡さない。渡されるのは、その役者の台詞だけを抜き書きした『書き抜き』です。だから自分が出演しないところもお稽古を一所懸命に見て覚えていた。その積み重ねです。おじさんは本当にまじめで、かっちりとした方でした」

二〇〇一年七月八日には十七代羽左衛門が八十四歳で没した。六代菊五郎の実弟・六代彦三郎の長男で菊五郎とは親戚になる。梅幸、松緑没後の菊五郎劇団を支えてきたひとりであった。

「おじさんは、自分の哲学を持っていらした。『歌舞伎役者は舞台に出たら自分が一番うまいと思ってやれ。その代わり、舞台から引っ込んだら自分は一番下手な役者だと思って勉強しろ』とよくおっしゃっていました。気さくで、こちらが聞いたことには全部答えてくれました」

『演劇界』（二〇〇一年十月号）の追悼では、「けれんみのない、実直な生き方を通された方でした。（中略）『忠臣蔵』では、大序から喧嘩場までの舞台げいこが終わった所で、『秀幸、親父（梅幸）そっくりになったな。それでやっときなさい』と僕の手を取り、涙ぐみながらおっしゃいました。おじさんに褒めて頂いたのはその時だけですね」と語っている。

同年三月の新橋演舞場の「七世尾上梅幸七回忌、二世尾上松緑十三回忌追善、尾上菊五郎劇団三月大歌舞伎」で十七代羽左衛門は石堂右馬之丞、菊五郎は塩冶判官と早野勘平を演じた。その判官を指しての言であったろう。

蜷川演出の衝撃

シェイクスピアの「十二夜」を歌舞伎化し、人気演出家、蜷川幸雄（一九三五〜二〇一六年）が演出した「NINAGAWA十二夜」（今井豊茂脚本）が初演されたのは二〇〇五年七月の歌舞伎座であった。昼夜同一演目というところに、松竹の力の入れ具合がわかる。菊之助の企画であった。

双子の兄妹の主膳之助（セバスチャン）と琵琶姫（ヴァイオラ）の乗船が難破し、二人は別れ別れになる。紀伊の国に漂着した琵琶姫は男装して獅子丸（シザーリオ）と名乗り、領主の大篠左大臣（オーシーノ公爵）の小姓になる。左大臣は織笛姫（オリヴィア）に恋しているが受け入れてもらえない。使いに立った獅子丸に織笛姫は一目惚れ。ところが獅子丸は左大臣に心を寄せていた。

織笛姫の家老丸尾坊太夫（マルヴォーリオ）が姫に恋しているのを知った姫の叔父の鐘道（サー・トービー）は侍女の麻阿（マライア）と共謀し、偽の恋文を坊太夫に拾わせる。恋文に指示された通りにおかしな格好をした坊太夫は姫に呆（あき）れられ、一間に閉じ込められる。鐘道は英竹（サー・アンドルー）をけしかけて獅子丸と決闘させようとする。そこに現れた主膳之助が獅子丸と取り違えられたことから騒動が起こる。

菊五郎は坊太夫と道化の捨助（フェステ）の二役を演じた。

「舞台一面がガラス張り（ハーフミラー）で、満開の桜が現れる。この芝居のすべてを暗示するようなことを序幕で見せた。こういう演出もあるのかと衝撃を受けました」

坊太夫は家老、捨助は道化と全く異なる役柄である。

「『ひと役だけの方が面白いのでは』と、蜷川さんに電話でお話したら、『台詞を覚えられないんですか』と言われました。『そんなことあるもんか』と思ってね。蜷川さんには、『大丈夫です。やってください』と言われました」

共に歌舞伎には例のない役であった。

「道化というのは、王様の膝の上に乗っても怒られないような不思議な人種です。自由にやってみたら、蜷川さんが了解してくれました」

坊太夫は主人の織笛姫に恋をしている。

「家老職ですから品が悪くてはいけないし、愛嬌も必要です。『身替座禅』の山蔭右京の要素を入れました」

蜷川演出でとりわけ感心させられたのは、音へのこだわりであった。

「歌舞伎だと次の幕に移るのに、どんどんどんという太鼓の風音で繋ぐことが多い。ところが蜷川さんは『濁音で繋ぐのは嫌だ』というのね。それでちりちりちーんと風鈴みたいな音を流した。こういう繋ぎ方もあるのか、と思いました」

舞台は好評で二〇〇七年六月に博多座、同七月に歌舞伎座と再演を重ね、二〇〇九年三月にロンドン公演、同六月に新橋演舞場、七月に大阪松竹座でも上演された。

十二代團十郎逝く

菊五郎が幼いころから親しんできた第四期歌舞伎座は老朽化による建て替えのため、二〇一〇年の四月公演終了後の三十日に催された閉場式を最後に約六十年の歴史に幕を閉じた。新しい歌舞伎座の開場は二〇一三年四月であった。

その間に多くの俳優が世を去った。二〇一一年一月に五代富十郎、同十月に七代芝翫、二〇一二年二月に四代雀右衛門、同十二月に十八代勘三郎、二〇一三年二月に十二代團十郎。

わけても團十郎は幼少期からの親友で、初代辰之助と共に切磋琢磨した仲であった。

「(初代)辰之助亡き後、一番安心できる相手でした。芝居で彼と喧嘩になったことは一度もありません。私がぶらっと彼の楽屋に入っていき、『あそこはこうした方がいいのではないか』と芝居の相談をしても絶対に即答はしないで、『明日までに考えておく』と言う。で、あくる日に、『じゃあ、そうしよう』と答える。大物だと思いました」

「勧進帳」では度々、團十郎の弁慶で富樫を演じた。

「誠実で実直な弁慶で、とてもやりやすかった。本当に弁慶らしい。器用なところはひとつもなく、パワーで押していくんです」

二〇〇四年五月の歌舞伎座、「十一代目市川海老蔵襲名披露、五月大歌舞伎」の最中に不調を訴えた團十郎は急性前骨髄球性白血病と診断を受けてから、闘病しながら舞台を続けていた。六十六歳の死であった。

「辰之助が先に逝っちゃって、そんな思い出話をできるのも彼だけでした。一番丈夫だと思っていたのにね。強い男なので、回復するのではないかと期待していました。舞台だけではなく、一緒によく遊びました」と懐かしむ。

まさかの道玄　梅吉

演じるにあたり、「まさか自分がやるようになるとは思っていなかった」と口にした黙阿弥作「盲長屋梅加賀鳶」の道玄と梅吉の二役を初役で勤めたのは二〇〇九年五月の「歌舞伎座さよなら公演、五月大歌舞伎」であった。六代菊五郎が最期の公演で演じた役でもある。

黙阿弥作で一八八六年の初演では五代菊五郎が道玄、梅吉、死神の三役を勤めた。芝居の流れは二筋からなる。一つが加賀藩お抱えの鳶が活躍するくだり。もう一つは按摩の道玄が悪事の果てに捕縛されるまで。

道玄は人を殺し、女房に暴力を振るい、質屋の主人を恐喝する悪人だが、愛嬌があって憎めない。愛人のお兼とゆすりにいく「質見世」では、加賀鳶の松蔵にやり込められる。もうひと役の梅吉は颯爽とした鳶だ。道玄は五代菊五郎から六代菊五郎、そして二代松緑へと受け継がれた。現在では道玄のくだりに加賀鳶の「勢揃い」を加えた上演形態を取るのが通常だ。

二代松緑は既に世を去っていたが、菊五郎は、それまでに勢揃いに登場する鳶の尾之吉、巳之助や松蔵を経験していた。

「鳶の出番が終わるといつも舞台袖から見ていました。道玄は突っ込んで行く役でありながら松蔵にはコロンとやられる。サービス精神旺盛だった五代目（菊五郎）の気風がよく出ています」と初役時に私のインタビューに答えていた。

「難しいのは『質見世』です。五代目（菊五郎）さんだから、小道具の扱いが細かい。『血管が芝居をしている』と言われたような人ですからね」

二〇一五年二月二十一日には十代三津五郎が五十九歳で世を去った。

「お父さん（九代三津五郎）に似て曲がったことが嫌いで実直。だから安心して後輩にも教えてやってくれと頼めた。年下に亡くなられるのは嫌なものですよ」

巡業の思い出

歌舞伎を恒常的に上演する劇場があるのは、東京、大阪、京都、名古屋、福岡だけである。国内でも一度も歌舞伎に接したことのない人は多い。そこで重要な役割を果たすのが、公共ホールなどで芝居を見せる巡業公演だ。

菊五郎が初めて巡業に参加したのは先に記したように一九六三年三月であった。その後も度々巡業を経験した。

「思い出はいろいろあります。最近ではなくなりましたが、ちょっと前まで一番困ったのは停電です。出演俳優が楽屋の鏡台でいっぺんに照明を使い、夏だと扇風機をかけ、衣裳さんが十台近いアイロンを使う。公演途中で電源が落ちてしまい、芝居が明かりなしで音だけで進行する『だんまり』のようになってしまったこともありました」

巡業ではほとんどの場合、劇場が日ごとに変わる。舞台の大きさも異なり、花道のないホールも多いので演出も変えざるをえない。

「そういう大変さを歌舞伎役者は意外と感じません。与えられた空間を使うことには慣れています。ただ、渋滞に巻き込まれて大道具や小道具を積んだトラックが到着しなかったことがありました。ある巡業では浜松のあくる日が岡山で、私たちは夜行列車で到着しましたが、荷物のトラックはまだ大阪の手前。それでは公演ができないので、『みなさんどうぞ、夜まで遊んでいてください』と言われ、岡山の後楽園などを観光して時間をつぶしました。やっとトラックが着いて大幅に遅れて公演が始まりましたが、夜の部の開演は午後九時になり、終演は夜中でした。それでもありがたいことにお客様は待っていてくださいました」

終演後に同座していた四代左團次と疲れ切って宿にたどり着いた。

「『はいはい、こっちです』と蒲団部屋に案内されました。後から着いたうちのお弟子さんたちが『若旦那来ていますか?』と尋ねたら、『そんな人来ていませんよ』。左團次さんと二人でジュラルミンのトランクを持って『こんちは』と挨拶して入ったので、弟子だと思われたようです」

大分県中津市で公演があった時のこと。夜になって同座した俳優を飲みに誘おうとした。相手は寝入っているらしい。起こそうとビジネスホテルの部屋のドアを蹴飛ばした。

「扉に穴が開いてね。修理代に七万円払いました。二年後の公演で同じホテルに泊まりました。同じ俳優が同じ部屋に泊まっていたので、また起こそうとしました。私が二年前に蹴飛ばしてへこませたせいでしょう。鉄製の扉に変えられていました。鉄なので大丈夫だろうと蹴ったら、それでもへこんで、今度は十三万円払いました。私はそのホテルでは有名人になってしまったと思います」

巡業で箱根の旅館に泊まったことがあった。

「横須賀（神奈川県）を起点に西に向かう巡業がありました。会社が気をきかしてくれて一晩、みんなで箱根の温泉に泊めてもらいました」

夜には出演者、スタッフを交えての宴会を開いた。

「俳優以外の大道具さん小道具さんや鳴物（演奏家）さんにも一芸を持っている人が多いんですよ。いつもとは逆にそういう人たちに芸を見せてもらい、私たち俳優がトイレットペーパーに包んだおひねりを投げて遊んでいたら、楽しそうなので他の泊まり客も見物に来た。中には長距離トラックの運転手さんたちもいました」

宴が終わって就寝し、翌朝目を覚ますと部屋のどこかからバリバリと音が聞こえてくる。「なんの音なのかわからない。ふと見ると、テレビの上で大きな鯉が跳ねていました。前の晩に宴会に参加したトラックの運転手さんが旅館の池に入って鯉を捕まえて私の部屋に置いていったらしい。寝ていたので、わかりませんでした。お礼のつもりらしいですが、迷惑な話です。鯉がかわいそうなので慌てて捕まえて池に放しましたが、私たちはその旅館からお出入り禁止になりました」

上方歌舞伎に鯉の精が若衆に姿を変えて姫君に近づく「鯉つかみ」という演目があるが、それを連想させる話ではある。

大抵の場合、巡業は約一か月間、各地をまわる。

「千秋楽近くなると疲れて、みんな機嫌が悪くなる。今は東京起点が増えましたが、昔は終演後にバス移動で次の公演先に行くことが多くありました」

菊五郎は移動中も出来るだけ楽しく過ごせるようにと工夫をした。

「到着が遅くなったら、その後に食事に出るのも大変ですし、現地で飲食店が空いているかもわからない。そこで手が空いたスタッフにおつまみやサンドイッチを買っておいてもらい、バスの中で飲み食いすることにしました。私は段ボール一箱分のウイスキーを用意しました。そのころは地方ではあまりウイスキーを売っていませんでしたからね。バスに乗るとすぐに用意したベニヤ板を補助席に並べて両面テープで留め、コップや皿を置いて大宴会を始める。騒いだり、歌ったり。私はもっぱら飲むだけでした」

二代吉右衛門と共演

一九八五年七月の巡業では「傾城反魂香」のおとくを二代吉右衛門の又平で勤めた。近松門左衛門作の時代物で宝永五（一七〇八）年に人形浄瑠璃で初演された。歌舞伎で上演が多い場面は「土佐将監閑居（とさのしょうげんかんきょ）」だ。

絵師・土佐将監の弟子又平は大津絵を描いて女房のおとくと世渡りをしていた。不器用な又平は「土佐」の苗字を師に許されず、弟弟子にも先を越される。絶望して死ぬ決心をした又平に、おとくは最後に石の手水鉢（ちょうずばち）に自画像を描くように勧める。一心を込めて描いた絵は手水鉢を抜けて裏にまで通り、将監は又平の技量を認めて土佐光起の名を与える。芸術家の苦悩と夫婦愛が描かれた名作である。七月二十日が岡山県倉敷市で、次が二十三日の福井市と公演の間が空いた。将監は五代片岡市蔵、土佐修理之助は市村萬次郎、狩野雅楽之助（うたのすけ）は八代彦三郎（楽善）。吉右衛門が菊五郎劇団の中に入る格好の巡業であった。

「三日間も福井泊まりで、することがなくなりました。播磨屋（吉右衛門）は宿で画帳に一所懸命に絵を描いていましたが、私はみんなを引き連れて福井の海岸でスイカ割りなどをして遊びました。『昨日はこんなことをした』と播磨屋に話したら、彼は『いいなあ、ひーちゃんは趣味が多くて』と言いました」

外交的な菊五郎と内省的な吉右衛門。二人の個性が表れている。後に二人が子供同士の結婚で姻戚関係になるのだから不思議な気もする。

舞台での吉右衛門の印象はどんなだったか。

「若いころは初代の台詞を、真似ているなと感じましたが、最近は『うまいなあ』と思うようになりました」

話が逸（そ）れついでに姻戚になる以前に私が吉右衛門から聞いた菊五郎評を紹介しよう。

「頭が良くて神経は細やかだが肝が太い」であった。

二人は一九八七年五月歌舞伎座の「團菊祭大歌舞伎」の「安政奇聞佃夜嵐（あんせいきぶんつくだのよあらし）」でも共演した。古河新水作、宇野信夫脚色・演出で菊五郎が青木貞次郎、二代吉右衛門が神谷玄蔵を勤めた。六代菊五郎の貞次郎、初代吉右衛門の玄蔵で一九一四年に初演された演目であった。古河新水は新富座（守田座）の座元であった十二世守田勘弥の作者名である。

この時は「新水の原作から趣向を借りた脚色、演出で、神谷玄蔵が盗賊の集団神風組の頭領で、青木貞次郎が風窓半次から、神谷を親の敵だと教えられ、これを強請に行った時、神谷は役人につかまる、という筋である」(「歌舞伎座百年史」本文篇下巻)と原作から離れた脚色であった。

「面白くなかった。『つまらない本だ』と私が言っていたのが宇野先生の耳に入ったらしく、稽古場に入ってくるなり、『つまらない本で、と誰が言ったんだ』と怒りだされた。それで『俺が言ったんだい』と返したら、播磨屋が一所懸命に止めに入りました」と菊五郎。

吉右衛門から聞いた話はこうだ。

「宇野先生が原作に手を加えられましたが、菊五郎君は気に入らなかったようでした。確かに面白くありませんでしたが。私は何も言っていなかったのに、まわりまわって宇野先生の耳に入り、『君たちは失礼にもほどがあるぞ、先輩に向かって』と怒り出されました。『そんなことは言っていないですよ』と口にしたら、菊五郎君が『俺が言ったんだ』と。彼は潔いなと思いました」

「ひーま」と孫たち

巡業のエピソードでもわかるように菊五郎は私生活でもサービス精神旺盛な人である。その表れを紹介しよう。

五十歳から七十五歳になるまで、毎年八月に別荘のある軽井沢のゴルフ場で催したのがゴルフコンペ「音羽会ゴルフカップ」であった。多い年は約二百人が参加したという。

「ゴルフ場を貸し切りにし、宿泊施設もありましたから、そこに泊まる人もいたし、別荘から来る人も東京から来る人もいました。前夜は大宴会で、みんなで並んですき焼きパーティー。翌日にゴルフを楽しみました」

豪快な会であったらしい。

「景品が豪華でね。せがれ（菊之助）の友達が自動車を一台提供してくれたこともありました。役者仲間では、仁左衛門さんも、（十代）三津五郎さんも参加されたことがあったし、（四代）左團次さんや時蔵さんは常連でした。森村学園時代の友達も来たし、軽井沢で知り合った関口宏さんも参加されました。関口さんは日曜日の朝の『サンデーモーニング』（TBS系）の生放送が終わってからなので、コンペは月曜日にやりました。ゴルフの後は表彰式をし、その後は町のレストランでまた宴会を楽しくやりました」

森村学園時代の同級生であった藍澤基彌は第一回から夫婦で参加した。

「参加費はプレイ代とホテル代と食費ぐらい。景品は豪華で参加者はとてもいい思いができました。彼（菊五郎）は卓越したエンターティナーで、座持ちがよくてサービス精神が素晴らしい。みんなのテーブルをまわって話に加わったり、お酒を飲んだり。最後はじゃんけん大会。彼と参加者が勝負をし、一体感が出て親しみが増しました。表彰式では彼が『おめでとうございます』と言って商品をくれました。純子さん、菊之助さん、しのぶさん、ご一家総出でした。彼はゴルフも上手で、ホールインワンを出したこともありました。そういう時、彼は芝居の話を一切しませんでした」

長女、寺島しのぶは舞台・映像の両方で俳優として活躍し、二〇〇七年二月にフランス人のクリエーティブアートディレクター、ローラン・グナシアと結婚した。

「結婚した時に、『これで我が家もインターナショナルだな』とみんなで笑い合った覚えがあります。ローランはフランス人ですが、私と同じでワインよりウイスキーが好きでね。よく一緒に飲みますよ」と菊五郎。

二〇一二年九月には二人の間に長男・眞秀が誕生した。二〇二三年五月に歌舞伎座の「團菊祭五月大歌舞伎」昼の部の「音菊眞秀若武者（おとにきくまことのわかむしゃ）　岩見重太郎狒々退治（いわみじゅうたろうひひたいじ）」の岩見重太郎役で尾上眞秀を名乗って初舞台を踏み、菊五郎が弓矢八幡役で共演した。

二〇一三年二月には長男の菊之助が二代吉右衛門の四女・瓔子と結婚した。婚約記者会見に同席した菊五郎は、「娘がフランス人の旦那をもらったとき以上にびっくりしました。まさか播磨屋と縁戚関係になるなんて」と笑わせた。

「播磨屋（二代吉右衛門）を気難しいという人もいましたが、私はそうは感じていませんでした。息子の結婚以前からふらっと楽屋に入っていって俳優協会のことなどの相談もしていました。瓔子さんのことは、銀座の和光に勤めている時にかみさんが接客してもらい、『とても感じがいい娘さんよ』と言っていましたね」

同年十一月には二人の間に長男・和史が誕生し、二〇一九年五月の「團菊祭五月大歌舞伎」夜の部の「絵本牛若丸」で七代目丑之助を名乗って初舞台を踏んだ。父の菊之助はもちろん、菊五郎、二代吉右衛門も顔を揃える華やかな舞台であった。

「私の初舞台は『助六曲輪菊』の禿ひと役で、『どうぞよろしくお願いいたします』一言で終わり。それが今は子供一人のために一幕を作って興行になる。幸せですが、当人たちもプレッシャーを感じると思います」と菊五郎。

孫たちには「ひーま」と呼ばれている。「じいさま」を「ひいさま」と呼ばせようとしたところ、言いづらいので変化したらしい。

二〇二一年十一月二十八日には二代吉右衛門が死去した。

百年来の贔屓

菊五郎家には六代菊五郎から百年以上にわたり音羽屋の芸を愛し続けてきた代々の贔屓がいる。その代表が材木商から始まり、木材関係を中心に幅広く事業展開する「株式会社長谷川萬治商店」代表取締役会長の長谷川健治だ。

健治の祖父で創業者の長谷川萬治は一八九一年生まれ。一九〇五年に材木商に奉公に出、関東大震災の前年の一九二二年に独立し、東京・木場で木材販売業を創業した。いわゆる長者番付（高額納税者ランキング）では一九七三年度から一九七五年度まで日本一を記録した人物である。

自著の『木の路』（日刊木材新聞社）には、「二十歳前後から、歌舞伎が非常に好きで、お金を貯めては芝居見物をしたのです」とある。

萬治は六代目菊五郎の若き日から、その芝居を追い続けた。

「これだけの器量といい、修行といい、頭のヨサといい、なかなかこういう役者はでてこ

ない、きっと大物になるだろうと思った」（同書）

熱心に観劇する姿が六代菊五郎の目にも留まり、個人的な交流が始まった。萬治の事業も順調に伸張していった。

「芝居を十日目にいったときなんかは、『長谷川さんは今月はおそいな』といってくれましてね」（同書）と六代菊五郎も長谷川の観劇眼に信頼を置いていたようだ。

六代菊五郎が一九四九年に亡くなった時の萬治の落胆は大きかった。

「祖父は、しばらく歌舞伎は見ないと言いました。観劇を再開したのは菊五郎劇団を率いるようになった梅幸さんに、『そろそろ芝居見物に来てくださいよ』と声を掛けられてからです」と健治。萬治は一九七六年に八十五歳で世を去った。

健治は一九四四年八月生まれ。幼いころ、萬治に連れられて六代菊五郎の芝居を見た記憶がある。

「『すがすがしくて品が良くてさっぱりしていて、一陣の風が吹くような芸風』とは祖父の六代目（菊五郎）評です。演技が写実で、爽やかな情感がある。亡父は梅幸さんと仲が良く、私は当代の菊五郎さんと親しくし、息子（長谷川萬治商店・長谷川泰治社長）は菊之助さんと交流があり、孫は丑之助さん、眞秀さんと近い年代で家族ぐるみのお付き合いが四代続いています。我が家は音羽屋の芝居しか見ません。私は大旦那（菊五郎）、若旦那

（菊之助）が出る芝居は東京以外でも必ず拝見しますし、息子も同様です」

菊五郎のどこに惹かれるのか。

「舞台での台詞回しが好きで、声も素晴らしい。普段はシャイで江戸風の歯切れの良い物言いをされますが、そこにお人柄が表れている。人間も歌舞伎も俯瞰できる人です。歌舞伎の伝承の上での大功労者のひとりだと思います」

菊之助の結婚式では夫婦で仲人をつとめた。

「一番長い百年来の贔屓なので、私どもで良かったらということでお引き受けしました」

と話す。

音羽屋の芸

菊之助は菊五郎の後を追うかのごとく、女方から始まり、立役にも目覚ましい活躍を見せている。「盛綱陣屋」の佐々木盛綱、「義経千本桜」では、平知盛、いがみの権太、源九郎狐の三役を勤めて成果を上げげた。

父はどんな存在か。菊五郎が父、梅幸について、「父というより師匠の側面が強かった」という趣旨の感想を述べたのはすでに記した通りだ。

菊之助も同様の感想をもらす。

「小さいころは近所でキャッチボールをしたり、父の運転する自動車でドライブに連れて行ってもらったり、ということもありましたが、物心ついて同じ楽屋で鏡台を並べるようになってからは大きさや芸の厚みを肌で感じ、師匠と弟子の関係になりました」

印象に残った言葉はなにか。

「強烈だったのが、『親はないものと思え』です。小学生の時に食卓で言われた記憶があります。父親が歌舞伎役者だと、それに甘えてしまうところがあります。親はないと思っていろいろな先輩にかわいがられ、教えを受けられるようにという意味だと思います。先輩に対する礼儀を教えられました」

父をどう思っているか。

「六代目から菊五郎の名を受け継ぎ、先輩に江戸の世話物と時代物を教わり、七代目菊五郎の芸を作り、菊五郎劇団をまとめ上げてきた。父は人情で人と繋がっていると思います。『芝浜革財布』『文七元結』『魚屋宗五郎』では、その人情が役に映し出されているように感じます」

菊五郎は細部まで計算しつくした芸を見せる一方で、芝居全体を大きくとらえることのできる稀有な俳優である。最後に音羽屋の芸とはどんなものかと尋ねてみた。

「五代目（菊五郎）以降だと思いますが、芝居作りがうまく、愛嬌があり、お客さんを喜ばせ、歌舞伎らしさを大切にする。やり過ぎるとお客さんに迎合して媚びを売っているようになってしまうので難しいところです。品の良さは大事にしてきました」が答えであった。

繊細さと豪快さを併せ持つ菊五郎が俳優としてのスタートを切ったのは一九四八年。舞台生活は七十五年を越えた。常に口にするのが「この仕事に終わりはない」。果てなき道をいまなお、菊五郎は歩み続けている。

尾上菊五郎 年譜

年譜作成　財団法人松竹大谷図書館

和・西暦	初日	千秋楽	劇場	外題	役名	備考
昭和23 一九四八	04・02	04・27	新橋演舞場	助六曲輪菊	禿たより	四月興行大歌舞伎／六世延寿太夫襲名披露
	05・05	05・30	東京劇場	新薄雪物語	公達秀王丸	五月興行大歌舞伎
	06・05	06・30	東京劇場	一谷嫩軍記　組討	遠見の敦盛	六月興行大歌舞伎
	10・03	10・27	新橋演舞場	義経千本桜　椎の木・すし屋	倅善太	芸術祭参加、十月興行大歌舞伎、尾上菊五郎一座
昭和24 一九四九	05・05	05・29	新橋演舞場	土蜘	石神実は小姓萬千代	開場一周年記念大歌舞伎
昭和25 一九五〇	06・03	06・27	新橋演舞場	菅原伝授手習鑑　寺子屋	小太郎	六月興行大歌舞伎、尾上菊五郎劇団総出演
昭和26 一九五一	01・02	01・26	明治座	京鹿子娘道成寺	所化喜観坊	初春興行大歌舞伎
				神明恵和合取組　め組の喧嘩	倅又八、め組汐留の卯之吉	
	06・04	06・28	新橋演舞場	源平布引滝　実盛物語	太郎吉後に手塚太郎	六月興行大歌舞伎
	07・05	07・30	新橋演舞場	勢獅子	鳶の者子吉	六代目菊五郎三回忌追善興行大歌舞伎
	10・01		歌舞伎座	菅原伝授手習鑑　寺子屋	菅秀才	調停制度施行三十年記念、全国調停委員大会
	12・01		新橋演舞場	末広	太郎冠者	五世藤間勘十郎十七回忌追善、宗家藤間会
昭和27 一九五二	02・02	02・26	歌舞伎座	江戸育お祭佐七	おかるの練子	五代目尾上菊五郎五十年追善記念大歌舞伎／五代目菊五郎当り役の内
				義経千本桜　すし屋	六代君	
	04・01	04・22	大阪歌舞伎座	神明恵和合取組　め組の喧嘩	倅又八	五代目菊五郎五十年追善記念大歌舞伎、尾上菊五郎劇団、河原崎権十郎・實川延二郎参加
	10・02	10・26	歌舞伎座	若き日の信長	村の子供	芸術祭十月大歌舞伎
				京鹿子娘道成寺	所化要念坊	
昭和28	01・02	01・26	新橋演舞場	南総里見八犬伝	小姓音若	初春興行大歌舞伎

年	初日	千穐楽	劇場	演目	役名	備考
一九五三	03・03	03・27	歌舞伎座	蝴蝶	安徳帝	国際演劇月参加、三月大歌舞伎
	05・05	05・29	歌舞伎座	五重塔	一子猪之助	五月興行大歌舞伎／露伴七回忌記念蝸牛会委嘱脚本上演
	07・03	07・31	新橋演舞場	近江源氏先陣館　盛綱陣屋	小四郎	七月興行、尾上菊五郎劇団結成五周年記念大歌舞伎
	09・03	09・27	明治座	西鶴五人女	踊りの女	九月興行大歌舞伎／配役一覧に役名あり
	10・03	10・27	歌舞伎座	春興鏡獅子	胡蝶	芸術祭参加、劇聖團十郎五十年祭大歌舞伎
昭和29 一九五四	03・02	03・26	歌舞伎座	唐相撲	唐子	三月興行大歌舞伎
	05・05	05・30	歌舞伎座	源氏物語　第三部	夕霧	国際演劇月参加、五月興行大歌舞伎
	06・03	06・26	歌舞伎座	源氏物語　第三部	夕霧	六月興行大歌舞伎
	12・02	12・26	明治座	お夏狂乱	里の子	十二月興行大歌舞伎／六世梅幸新古演劇十種の内
				弁天娘女男白浪　勢揃	赤星十三郎(天地会)	天地会あり
昭和30 一九五五	01・02	02・15	新橋演舞場	神明恵和合取組　め組の喧嘩	中門前の専坊	初春興行大歌舞伎
	03・03	03・27	歌舞伎座	まぼろし牡丹	女童	三月興行大歌舞伎
	05・05	05・29	歌舞伎座	春興鏡獅子	胡蝶	六代尾上菊五郎七回忌・六世坂東彦三郎十七回忌追善、五月興行大歌舞伎
	06・04	06・28	歌舞伎座	武州公秘話	小姓	六月興行、尾上菊五郎劇団七周年謝恩大歌舞伎／配役一覧に役名あり
	10・03	10・27	歌舞伎座	土蜘	番卒藤内	六世尾上梅幸・十五世市村羽左衛門追善十月大歌舞伎、十七代市村羽左衛門襲名披露
	12・04	12・26	明治座	仮名手本忠臣蔵	茶道緑斎	開場五周年記念十二月興行大歌舞伎、菊五郎劇団公演／配役一覧に役名あり
昭和31 一九五六	03・03	03・27	歌舞伎座	なよたけ「竹取物語はこうして生れた」	男童こがねまる	二世市川左團次十七回忌追善、三月大歌舞伎、三代目河原崎権十郎襲名披露
	06・05	06・29	歌舞伎座	舌を嚙み切った女　すて姫	町の子	六月大歌舞伎／配役一覧に役名あり

昭和32 一九五七	01・02	02・03	新橋演舞場	乗合船恵方萬歳	角兵衛獅子子供玉吉	寿初春大歌舞伎
	05・05	05・29	歌舞伎座	源氏物語	光君(若き頃)	国際演劇月参加、五月大歌舞伎
	06・04	06・28	歌舞伎座	源氏物語	光君(若き頃)	六月大歌舞伎
	08・04	08・23	歌舞伎座	奉教人の死	奉教人の子	八月大歌舞伎/配役一覧に役名あり
昭和33 一九五八	03・25		歌舞伎座	菅原伝授手習鑑　車引	桜丸	尾上菊五郎劇団結成十周年記念天地会/二世歌舞伎
	05・05	05・29	歌舞伎座	春日龍神	鮒の太郎	国際演劇月参加、團菊祭五月大歌舞伎
	06・03	06・27	歌舞伎座	半七捕物帳　春の雪解	おもちゃの寅三	團菊祭六月大歌舞伎/配役一覧に役名あり
	07・29	07・30	歌舞伎座	夏姿俳優祭	お神楽の男	第二回俳優祭/豪華全員総出演
	10・01	10・25	歌舞伎座	京鹿子娘道成寺	所化咲蘭坊	芸術祭十月大歌舞伎
	12・01	12・25	歌舞伎座	勢獅子	鳶の者	吉例顔見世大歌舞伎
	12・21		歌舞伎座	寿曽我対面	曽我十郎	第七十三回子供かぶき教室
昭和34 一九五九	03・03	03・29	歌舞伎座	原典　平家物語	平資盛	三月大歌舞伎
	06・02	06・26	歌舞伎座	竜安寺秘聞　石の庭	小姓吉弥	六月興行劇聖團菊祭/配役一覧に役名あり
	07・29	07・30	歌舞伎座	雪月花梨園色彩　雪—源氏ヶ嶽捕物	徳川善三郎(29日夜)	第三回俳優祭
				フィナーレ　俳優祭　両国川開き		全員総登場
	08・03	08・27	歌舞伎座	黄金の丘(ゴールドヒル)	白虎隊士西川勝太郎	八月納涼大歌舞伎/日本国際連合協会委嘱
				珠取	漁師梶三	
	08・23		歌舞伎座	珠取	漁師梶三	第八十回子供かぶき教室
	09・01	09・25	明治座	堀川波の鼓	一子文六	九月大歌舞伎
昭和35 一九六〇	01・02	02・03	新橋演舞場	京鹿子娘道成寺	所化阿免坊	寿初春大歌舞伎
				神明恵和合取組　め組の喧嘩	三島の菊松	

年	初日	千穐楽	劇場	演目	役名	備考
	03・02	03・26	歌舞伎座	かげろふの日記遺文	帝	三月興行大歌舞伎
	03・30		産経ホール	奉祝親王御誕生　鶴亀	鶴（2～13日）	親王誕生奉祝特別追加番組
				鶴亀	鶴	日本俳優協会創立三周年、名優舞踊祭、奉祝皇孫ご誕生／昼の部
	05・03	05・27	歌舞伎座	仲蔵狂乱	伴の健岑	国際演劇月参加、劇聖菊五郎祭五月大歌舞伎
				天衣紛上野初花	近習黒沢要	
	05・30		歌舞伎座	石橋	親獅子	藤間会
	08・03	08・27	新橋演舞場	立まわり二題		八月大歌舞伎
				本朝夏夜夢	村の者七兵衛	
				稲妻物語	朝臣	
	10・02	10・26	歌舞伎座	シラノ・ド・ベルジュラック	ガスコン青年隊	芸術祭十月大歌舞伎
	12・18		歌舞伎座	歌舞伎の立ち廻り		第九十四回子供かぶき教室
昭和36 一九六一	01・02	01・26	新橋演舞場	夢花火	娘お波	寿初春大歌舞伎
	03・03	03・27	歌舞伎座	名橘誉石切	梶原方光村左衛門	歌舞伎三月公演、尾上菊五郎劇団・市川海老蔵参加
				男女道成寺	所化不動坊	三月十一日皇太子殿下とベルギーの前国王陛下ご観劇
	03・29		産経ホール	所作　たちまわり	（立方）	日本俳優協会東西合併記念、名優舞踊祭
	04・01	04・25	歌舞伎座	続残菊物語	丑之助	四月大歌舞伎
	06・02	06・27	歌舞伎座	六代目菊五郎十三回忌追善口上		六代目菊五郎十三回忌追善、六月大歌舞伎
				盲長屋梅加賀鳶	加賀鳶昼ッ子尾之吉	
	06・28		歌舞伎座	かっぽれ		六代目菊五郎十三回忌追善感謝の夕〝天地会〟
	09・01	09・25	歌舞伎座	八島官女	左近中将清経	開場七十年記念、九月大歌舞伎

年	初日	千穐楽	劇場	演目	役名	備考
	10・01	10・25	大阪新歌舞伎座	四千両小判梅葉	寺島無宿長太郎	新歌舞伎座開場三周年記念興行、尾上菊五郎劇団、尾上梅幸・市川左團次・尾上松緑
				京鹿子娘道成寺	所化阿免坊	
				盲長屋梅加賀鳶	加賀鳶昼ッ子尾之吉	
	11・02	11・26	歌舞伎座	一谷嫩軍記　熊谷陣屋	駿河次郎	古式復活顔見世興行、十一月大歌舞伎
昭和37 一九六二	01・02	01・26	新橋演舞場	紅葉狩	侍女八重菊	寿初春大歌舞伎
	02・01	02・25	歌舞伎座	出雲阿国	大野修理介治長	二月大歌舞伎、市川門之助・市川男女蔵襲名披露／伊原青々園二十年忌
	04・01	04・25	歌舞伎座	暫	加茂三郎義郷	東西全歌舞伎俳優出演、十一代目市川團十郎襲名大興行
				十一代目市川團十郎襲名披露口上		
	05・03	05・27	歌舞伎座	暫	加茂三郎義郷	国際演劇月参加、市川團十郎襲名五月大興行
				十一代目市川團十郎襲名披露口上		
	06・03	06・27	歌舞伎座	秋燈記　美女と閻魔	一子小太郎	松竹歌舞伎審議会第一回企画公演、六月大歌舞伎
	09・05	09・27	東横ホール	菅原伝授手習鑑　車引	桜丸	松竹・東横提携第六十一回、若手合同九月大歌舞伎
	10・02	10・26	歌舞伎座	人生百二十五年　大隈重信	小野梓（劇中劇「早稲田三十年史」）	芸術祭十月大歌舞伎
				義経千本桜　すし屋	梶原の臣	
				新書太閤記　日吉丸篇・藤吉郎篇・秀吉篇	小姓大介	
	10・21		歌舞伎座	三社祭	善玉	第百七回子供かぶき教室
	11・01	11・27	歌舞伎座	近江源氏先陣館　盛綱陣屋	愛甲三郎	吉例顔見世大歌舞伎
				水天宮利生深川　筆屋幸兵衛	幸兵衛娘お雪	

年	初日	千秋楽	劇場	演目	役名	備考
	12・01	12・23	東横ホール	三社祭	善玉	松竹・東横提携第六十三回、松竹顔見世大歌舞伎
				人情噺文七元結	長兵衛娘お久	
昭和38 一九六三	01・02	01・26	新橋演舞場	少将滋幹の母	少将滋幹	寿初春大歌舞伎
				京鹿子娘道成寺	所化喜観坊	
				梶原平三誉石切	梶原方戸組源六	
	02・01	02・25	歌舞伎座	徳川家康	瀬名姫	二月大歌舞伎
	03・02	03・26	地方巡業	鎌倉三代記　絹川村閑居	三浦之助	東京松竹大歌舞伎、尾上菊五郎劇団特別公演
				御目見得口上		
				人情噺文七元結	和泉屋手代文七	
	04・01	04・25	大阪新歌舞伎座	堀川波の鼓	一子文六	八代目坂東三津五郎・七代目坂東簑助・五代目坂東八十助襲名大歌舞伎、尾上菊五郎劇団、中村勘三郎・片岡仁左衛門・市川寿海
				水天宮利生深川　筆屋幸兵衛	幸兵衛娘お雪	
	06・02	06・26	歌舞伎座	阿国山三　歌舞伎双紙	若衆、茶屋女	松竹歌舞伎審議会、六月特別公演
	07・01	07・24	歌舞伎座	二人三番叟	千歳	七月納涼大歌舞伎
	09・01	09・26	御園座	矢の根	曽我十郎	柿葺落興行、十一代目市川團十郎襲名披露大歌舞伎、市川門之助・片岡芦燕・市川男女蔵襲名披露
				乗合船恵方萬歳	船頭清次	
				梶原平三誉石切	大庭方二階堂五郎	
				市川團十郎襲名披露口上		
	10・02	10・26	歌舞伎座	紅葉狩	侍女野菊	芸術祭十月大歌舞伎
	11・02	11・26	歌舞伎座	京鹿子娘道成寺	所化喜観坊	吉例顔見世大歌舞伎
				新書太閤記　日吉丸篇・藤吉郎篇・秀吉篇	小姓大介	
	11・29		神奈川県立音楽堂	根元草摺引	曽我五郎	第五回神奈川県立音楽堂フェスティバル、カブキ教室

<table>
<tr><td>昭和39
一九六四</td><td>01・02</td><td>01・27</td><td>歌舞伎座</td><td>沓手鳥孤城落月</td><td>千姫</td><td>寿新春大歌舞伎</td></tr>
<tr><td></td><td>01・05</td><td>01・28</td><td>東横ホール</td><td>寿曽我対面
勧進帳</td><td>曽我十郎
源義経</td><td>松竹・東横提携第六十九回、寿初春松竹歌舞伎</td></tr>
<tr><td></td><td>02・01</td><td>02・25</td><td>歌舞伎座</td><td>青砥稿花紅彩画　白浪五人男
続　徳川家康</td><td>千寿姫
氏家六郎</td><td>二月大歌舞伎</td></tr>
<tr><td></td><td>03・01</td><td>03・25</td><td>歌舞伎座</td><td>源氏物語</td><td>光君（若き頃）</td><td>三月大歌舞伎／松竹歌舞伎審議会推薦</td></tr>
<tr><td></td><td>04・01</td><td>04・25</td><td>歌舞伎座</td><td>勝三郎三傳の内　船弁慶
身替座禅</td><td>伊勢三郎
腰元千枝</td><td>寿四月大歌舞伎、六代目市村竹之丞・六代目澤村田之助襲名披露</td></tr>
<tr><td></td><td>05・03</td><td>05・27</td><td>歌舞伎座</td><td>父帰る</td><td>妹おたね</td><td>五月大歌舞伎</td></tr>
<tr><td></td><td>06・02</td><td>06・26</td><td>歌舞伎座</td><td>深与三玉兎横櫛</td><td>漁師娘およつ</td><td>六月大歌舞伎／十三世守田勘弥三十三回忌追善上演</td></tr>
<tr><td></td><td>07・16</td><td>07・29</td><td>地方巡業</td><td>土蜘
廓三番叟
弁天娘女男白浪　勢揃</td><td>胡蝶
新造梅里
赤星十三郎</td><td>東京大歌舞伎、北海道公演</td></tr>
<tr><td></td><td>09・03</td><td>09・28</td><td>歌舞伎座</td><td>修禅寺物語
堀川波の鼓</td><td>妹娘楓
一子文六</td><td>四世中村雀右衛門襲名大歌舞伎、八代目大谷友右衛門・七世中村芝雀襲名披露</td></tr>
<tr><td></td><td>10・01</td><td>10・23</td><td>東横ホール</td><td>仮名手本忠臣蔵　大序・三段目・四段目・六段目・七段目</td><td>塩冶判官【大序・三段目・四段目】、おかる【六段目・七段目】</td><td>松竹・東横提携第七十二回、十月松竹若手歌舞伎</td></tr>
<tr><td></td><td>11・01</td><td>11・25</td><td>歌舞伎座</td><td>戻橋</td><td>郎党左源太</td><td>吉例顔見世大歌舞伎</td></tr>
<tr><td></td><td>12・01</td><td>12・26</td><td>南座</td><td>籠の梅
京鹿子娘道成寺
大江山酒呑童子
木村長門守</td><td>娘梅ヶ枝
所化観念坊
濯ぎ女憶子
戸田右衛門尉</td><td>當る巳歳吉例顔見世興行、京の年中行事、東西合同大歌舞伎、松竹経営顔見世六十周年記念</td></tr>
</table>

年	開始	終了	劇場	演目	役名	備考
昭和40 一九六五	01・02	01・26	歌舞伎座	西鶴五人女	お夏	寿新春大歌舞伎
				南都二月堂　良弁杉由来	茶摘おしげ	
				乗合船恵方萬歳	芸者お春	
	01・15		NHK	小豆粥［TV］	喜太郎	
	03・01	03・25	歌舞伎座	仮名手本忠臣蔵　七段目	大星力弥	七世松本幸四郎追善、三月大歌舞伎
	05・04	05・28	歌舞伎座	寿曽我対面	曽我十郎	六代目尾上菊五郎追善、五月大歌舞伎、四代目尾上菊之助・初代尾上辰之助・八代目坂東薪水襲名披露／襲名披露狂言
				六代目尾上菊五郎追善　四代尾上菊之助・初代尾上辰之助・八代坂東薪水襲名披露口上		
				君が代松竹梅	梅の君	襲名披露狂言
	06・04	06・25	東横ホール	土蜘	源頼光	松竹・東横提携第七十五回、若手歌舞伎六月公演
				酔菩提悟道野晒　野晒悟助	娘小田井	
				弁天娘女男白浪　浜松屋・勢揃	弁天小僧菊之助	
	07・02	07・26	歌舞伎座	国盗り物語	那々姫	七月興行尾上菊五郎劇団大歌舞伎
				怪異談牡丹燈籠	お露	
	07・29		歌舞伎座	六歌仙容彩　黒主	小町	師六代目尾上菊五郎謝恩舞踊公演
	09・02	09・26	歌舞伎座	吹雪花於静礼三	奥州屋娘お早	九月興行秋の大歌舞伎
	10・02	10・31	海外公演	京鹿子娘道成寺	所化（Aプロ）	訪欧歌舞伎使節／西ベルリン　フォルクスビューネ劇場、パリ　テアトル・ド・フランス（オデオン座）、リスボン　サン・ルイズ劇場〈Aプロ五回・Bプロ五回　計十回公演〉
				仮名手本忠臣蔵　四段目	大星力弥（Bプロ）	
				春興鏡獅子	胡蝶（Bプロ）	
	12・01	12・25	歌舞伎座	仮名手本忠臣蔵　大序	足利直義	十二月特別公演
昭和41 一九六六	01・02	12・25	NHK	源義経（全五十二回）［TV］	源義経	大河ドラマ
	01・02	01・27	歌舞伎座	京鹿子娘道成寺	所化天珠坊	壽新春大歌舞伎

02・02	02・19	東横ホール	勧進帳	源義経	松竹・東横提携第七十九回、二月若手歌舞伎特別公演
			藤娘	藤娘	
			浮かれ坊主	源八和尚	
04・01	04・25	歌舞伎座	鬼一法眼三略巻　菊畑	皆鶴姫	四月興行歌舞伎祭大合同、八代目市川團蔵舞台生活八十二年引退披露
05・05	05・29	歌舞伎座	長恨詩　おすが覚書	加島新之丞	五月興行歌舞伎祭大合同
05・31		新橋演舞場	小唄振り　重ね扇　残菊	(立方)	春日とよ喜小唄三十回記念大会
07・07	07・31	歌舞伎座	宮本武蔵	佐々木小次郎	中村錦之助七月特別公演
			弁天娘女男白浪　浜松屋・勢揃	弁天小僧菊之助	
09・06	09・28	歌舞伎座	源義経	牛若丸・九郎義経	新秋大歌舞伎／若手歌舞伎奮闘公演
			与話情浮名横櫛　源氏店	お富	
			なまみこ物語	帝一条天皇	
10・26		歌舞伎座	汐汲	蜑みるめ実は稲荷大明神	宗家藤間会
昭和42 一九六七					
01・04	01・27	東横ホール	京鹿子娘道成寺	白拍子花子	松竹・東横提携第八十四回、新春歌舞伎特別公演
			侠客御所五郎蔵	傾城皐月	
02・02	02・24	東横ホール	京鹿子娘道成寺	白拍子花子	松竹・東横提携第八十五回、二月若手花形合同歌舞伎公演
03・03	03・11	海外公演	弁天娘女男白浪　勢揃	赤星十三郎(Aプロ)	明治百年記念大歌舞伎ハワイ公演／ホノルルインターナショナルセンター・コンサートシアター〈Aプロ六回・Bプロ六回　計十二回公演〉
			平家女護島　俊寛	海女千鳥(Bプロ)	
			紅葉狩	山神(Bプロ)	
04・01			佐々木小次郎[映画]	佐々木小次郎	製作・配給：東宝
05・01	05・25	大阪新歌舞伎座	君が代松竹梅	梅の君	四代目尾上菊之助・初代尾上辰之助襲名披露大歌舞伎／襲名披露狂言
			一谷嫩軍記　熊谷陣屋	源義経	

年	初日	千穐楽	劇場	演目	役	備考
	07・05	07・29	歌舞伎座	半七捕物帳の内　津の国屋 四代目尾上菊之助・初代尾上辰之助襲名披露口上 弁天娘女男白浪　浜松屋・勢揃 三人形	津の国屋娘お雪 弁天小僧菊之助 傾城漣太夫	七代目三津五郎七回忌追善興行
	08・29	09・25	地方巡業	伊勢音頭恋寝刃　油屋・奥庭 御目見得口上	今田万次郎	松竹大歌舞伎、尾上菊五郎劇団
	10・02	10・27	東横劇場	弁天娘女男白浪　浜松屋・勢揃 君が代松竹梅 鞍馬獅子 菅原伝授手習鑑　車引 本朝廿四孝　十種香 勧進帳	弁天小僧菊之助 梅の君 卿の君 桜丸 八重垣姫 源義経	松竹・東急提携第八十八回、新装開場柿葺落し、十月若手歌舞伎特別公演
	10・10	(1968)4・02	NTV	桃太郎侍(全二十六回)[TV]	桃太郎(若木新二郎)、松平京之助	
	11・27		歌舞伎座	泰平住吉踊	住吉踊	河東節開曲二百五十年記念演奏大会
昭和43 一九六八	01・04	01・27	東横劇場	角兵衛と女太夫　后の月酒宴島台 三人吉三巴白浪　大川端	女太夫 お嬢吉三	松竹・東急提携第八十九回、寿新春若手歌舞伎公演
	02・01	02・25	歌舞伎座	鎌倉三代記　絹川村閑居 京鹿子娘道成寺 乗合船恵方万歳 戻駕色相肩	時姫 所化普文坊 芸者春菊 禿たより	菊五郎劇団結成二十周年記念、二月大歌舞伎

開始	終了	劇場	演目	役	備考
02・26		歌舞伎座	分身草摺引	（立方）	喜寿荻江露友の会
02・27		明治座	君が代松竹梅	（立方）	明治座再開場十周年記念祝賀会
03・01	03・26	明治座	夜討曾我	曾我十郎	明治座再開場十周年記念公演
			勧進帳	源義経	
			弁天小僧菊之助	一琴後にお琴	
			雪之丞変化	中村雪之丞、傾城玉垣実は金王丸（劇中劇「金王七変化」）	
05・02	05・26	大阪新歌舞伎座	勧進帳	源義経	菊五郎劇団結成二十周年記念、五月大歌舞伎
			颪さそふ　刃傷前后	浅野内匠頭長矩	
			新門辰五郎	娘おちよ	
06・05	06・27	国立劇場大劇場	摂州合邦辻　住吉神社境内・天王寺万代池・合邦庵室	浅香姫	第十六回六月歌舞伎公演
07・21		国立劇場小劇場	彦山権現誓助剱　毛谷村	お園	第一回尾上菊之助勉強会、菊之助の会
			息子	無頼漢金次郎	
			春興鏡獅子	弥生後に獅子の精	
09・01	09・25	地方巡業	彦山権現誓助剱　毛谷村	お園	東京松竹大歌舞伎
			三人吉三巴白浪	お嬢吉三	
10・03	10・27	御園座	寿曾我対面	大磯の虎	再建五周年記念興行、昭和四十三年度名古屋市民芸術祭参加、吉例名古屋顔見世興行、尾上菊之助・市川新之助・尾上辰之助襲名披露
			伽羅先代萩　御殿・床下	松島	
			四代尾上菊之助・六代市川新之助・初代尾上辰之助襲名披露口上		
			三人吉三巴白浪　大川端	お嬢吉三	
11・01	11・26	歌舞伎座	仮名手本忠臣蔵　四段目	大星力弥	明治百年記念、十一月顔見世大歌舞伎

年	初日	千穐楽	劇場	演目	役名	備考
	11・30	12・25	南座	藤十郎の恋 身替座禅 戻駕色相肩	霧浪千寿 腰元千枝 禿たより	當る酉歳吉例顔見世興行、京の年中行事、東西合同大歌舞伎、南座発祥三百五十年記念
昭和44 一九六九	01・04	01・28	東横劇場	鳴神 手習子 夜討曽我狩場曙 春興鏡獅子	雲の絶間姫 手習子おきく 曾我十郎 弥生後に獅子の精	初春歌舞伎公演
	02・01	02・25	歌舞伎座	義経千本桜　渡海屋・大物浦 あすなろう 質庫魂入替 義経千本桜　椎の木・小金吾討死 お祭り	亀井六郎 妹おむら 宿場女郎(比翼枕の精) 主馬小金吾 手古舞雛菊	尾上菊五郎劇団、二月大歌舞伎／六日より二十五日まで休演
	03・05	03・27	国立劇場大劇場	南總里見八犬傳	犬塚信乃	第二十二回三月歌舞伎公演
	04・05	04・27	国立劇場大劇場	与話情浮名横櫛　お富与三郎	妹伊豆屋娘お菊	第二十三回四月歌舞伎公演
	05・01	05・25	大阪新歌舞伎座	寿曽我対面 京鹿子娘道成寺 恋飛脚大和往来　封印切 伽羅先代萩　御殿・床下	大磯の虎 所化文珠坊 傾城梅川 沖の井	第一回吉例大阪顔見世、東西合同大歌舞伎
	05・28		東横劇場	翁千歳三番叟	千歳	名韻会、第二百回記念大会
	07・01	08・02	地方巡業	与話情浮名横櫛　源氏店 御目見得口上 傾城反魂香	お富 おとく	第三回松竹大歌舞伎特別公演、尾上菊五郎劇団

年	初日	千穐楽	劇場	演目	役	備考
	09・10	10・19	海外公演	仮名手本忠臣蔵　大序・四段目 春興鏡獅子 一谷嫩軍記　熊谷陣屋 紅葉狩	顔世御前（Aプロ） 胡蝶（Aプロ） 相模（Aプロ） 野菊（Aプロ）	訪米歌舞伎公演／ニューヨーク　シティ・センター、シカゴ　オーディトリアム劇場、ロスアンゼルス　グリーク・シアター、サンフランシスコ　カーラン・シアター〈Aプロ二十五回・Bプロ二十一回　計四十六回公演〉
	11・01	11・26	歌舞伎座	暫 寿曽我対面	照葉 大磯の虎	十一月顔見世大歌舞伎、十代目市川海老蔵襲名披露、六代目片岡十蔵・四代目片岡亀蔵襲名披露
	11・30	12・25	南座	人情噺文七元結 玉藻前曦袂　道春館	和泉屋手代文七 初花姫	當る戌歳吉例顔見世興行、京の年中行事、東西合同大歌舞伎、松竹創立七十五周年記念
昭和45 一九七〇	01・04	12・27	NHK	樅ノ木は残った（全五十二回） ［TV］	伊達綱宗	大河ドラマ
	01・05	01・27	国立劇場大劇場	壽根元曾我	大磯の虎	第三十回一月歌舞伎公演
	02・01	02・25	歌舞伎座	源氏物語　桐壺の巻より賢木の巻まで 銘作左小刀　京人形 風さそふ　刃傷前后 一谷嫩軍記　熊谷陣屋	四の宮後に藤壺中宮、夕顔 井筒姫 浅野内匠頭長矩 藤の方	尾上菊五郎劇団、二月大歌舞伎
	04・05	04・27	国立劇場大劇場	博多小女郎浪枕	傾城小女郎	第三十一回四月歌舞伎公演
	05・01	05・25	大阪新歌舞伎座	暫 十代目市川海老蔵襲名披露口上 絵本太功記　尼ヶ崎 勧進帳	照葉 初菊 源義経	日本万国博協賛公演、第二回吉例大阪顔見世大歌舞伎、十代目市川海老蔵襲名披露
	06・05	06・27	国立劇場大劇場	網模様燈籠菊桐	芸者お杉	第三十三回六月歌舞伎公演
	07・05	07・25	国立劇場大劇場	仮名手本忠臣蔵　五段目・六段目	早野勘平	第四回高校生のための歌舞伎教室

年	初日	千秋楽	劇場	演目	役	備考
	09・02	09・26	地方巡業	鳴神 御目見得口上	雲の絶間姫	松竹大歌舞伎、尾上菊五郎劇団特別公演
	10・01	10・25	御園座	鳥辺山心中 暫 摂州合邦辻　合邦庵室 十代目市川海老蔵襲名披露口上 其俤対編笠　鞘当 鳴神 助六由縁江戸桜	お染 照葉 浅香姫 名古屋山三 雲の絶間姫 三浦屋白玉	創立七十五周年記念興行、昭和四十五年度名古屋市民芸術祭参加、吉例名古屋顔見世、十代目市川海老蔵襲名披露
	10・31	11・25	歌舞伎座	松と竹　雀おどり 盲長屋梅加賀鳶	女歌舞伎 加賀鳶昼ッ子尾之吉	松竹創立七十五周年記念、藝術祭参加、十一月顔見世大歌舞伎
	12・03	12・23	国立劇場大劇場	元禄忠臣蔵　江戸城の刃傷・大石最後の一日	浅野内匠頭【江戸城の刃傷】、おみの【大石最後の一日】	第三十七回十二月歌舞伎公演
昭和46 一九七一	01・05	12・28	NET	大忠臣蔵（全五十二回）［TV］	浅野内匠頭	
	01・05	01・27	国立劇場大劇場	神明恵和合取組　め組の喧嘩	女郎おさき、静御前（劇中劇「道行初音旅」）、鳶花籠の喜久松	第三十八回一月歌舞伎公演
	02・01	02・25	歌舞伎座	沓手鳥孤城落月 与話情浮名横櫛　源氏店 倭仮名在原系図　蘭平物狂 神楽諷雲井曲毬　どんつく	千姫 お富 与茂作女房おりく 実は音人妻明石 町娘お菊	尾上菊五郎劇団、二月大歌舞伎

開始	終了	劇場	演目	役名	公演名
03・05	03・27	国立劇場大劇場	青砥稿花紅彩画　白浪五人男	弁天小僧菊之助	第三十九回三月歌舞伎公演
04・04	04・25	国立劇場大劇場	隅田川続俤　法界坊	手代要助実は吉田松若	第四十回四月歌舞伎公演
05・05	05・29	歌舞伎座	菅原伝授手習鑑　寺子屋	千代	六代目尾上菊五郎二十三回忌追善、五月大歌舞伎
			土蜘	侍女胡蝶	
			新版歌祭文　野崎村	お染	
			道行旅路の花聟　落人	腰元おかる	
			六代目尾上菊五郎二十三回忌追善口上		
			春興鏡獅子	弥生後に獅子の精	
06・05	06・27	国立劇場大劇場	傾城反魂香	おとく	第四十二回六月歌舞伎公演
			室町反魂香	白拍子松子	
			梅雨小袖昔八丈　髪結新三	白子屋娘お熊	
06・28		歌舞伎座	鷺娘	（立方）	師六代目尾上菊五郎謝恩舞踊公演
08・05	08・07	国立劇場小劇場	身替座禅	山蔭右京	第四回青年歌舞伎祭、あすなろう会
			新皿屋敷月雨暈　魚屋宗五郎	女房おはま	
09・03	09・26	歌舞伎座	大江廣元の恋	佑子	新秋九月大歌舞伎
			船渡聟	女房	
			権三と助十	小間物屋彦三郎	
10・01	10・25	御園座	絵本太功記　尼ヶ崎	武智十次郎	昭和四十六年度名古屋市民芸術祭参加、吉例名古屋顔見世
			土蜘	侍女胡蝶	
			弁天娘女男白浪　勢揃	赤星十三郎	
			菅原伝授手習鑑　加茂堤	八重	

年	初日	千穐楽	劇場	演目	役名	備考
				京鹿子娘道成寺	所化不動坊	
				梅雨小袖昔八丈　髪結新三	白子屋娘お熊	
	10・07	3・30（1972）	NTV	弥次喜多隠密道中（全二十六回）［TV］	村上弥次郎	
	12・03	12・26	帝国劇場	仮名手本忠臣蔵　七段目	おかる	帝劇大歌舞伎十二月特別公演
				義経千本桜　吉野山	静御前	
				修禅寺物語	姉娘桂	
				勧進帳	源義経	
昭和47 一九七二	01・02	01・27	大阪新歌舞伎座	藤娘	藤娘	壽初春大歌舞伎
				弁天娘女男白浪　浜松屋・勢揃	弁天小僧菊之助	
				船渡聟	女房	
				鳴神	雲の絶間姫	
				鳥辺山心中	お染	
	02・03	02・27	歌舞伎座	萬葉集　額田女王	額田女王	尾上菊五郎劇団、二月大歌舞伎
				四季三葉草	千歳	
	03・05	03・27	国立劇場大劇場	扇音々大岡政談　天一坊大岡政談	法沢後に天一坊	第四十八回三月歌舞伎公演
	04・05	04・27	国立劇場大劇場	一谷嫩軍記　熊谷陣屋	源義経	第四十九回四月歌舞伎公演
	05・04	05・29	歌舞伎座	源平布引滝　実盛物語	御台葵御前	十五世市村羽左衛門二十七回忌追善、五月大歌舞伎、二代目坂東亀蔵・二代目市村萬次郎襲名披露
				名橘誉石切	六郎太夫娘梢	
				十五世羽左衛門追善・二代目亀蔵・二代目萬次郎襲名口上		
				助六由縁江戸桜	三浦屋白玉	
	07・01	07・29	地方巡業	お目見得口上		松竹大歌舞伎特別公演、尾上菊五郎劇団

年	初日	千穐楽	劇場	演目	役名	備考
				藤娘	藤娘	
				鳥辺山心中	お染	
	08・04	08・06	国立劇場小劇場	大森彦七	千早姫	第五回青年歌舞伎祭、あすなろう会
	08・27	09・22	地方巡業	三人吉三巴白浪　大川端	お嬢吉三	松竹大歌舞伎特別公演、尾上菊五郎劇団
				お目見得口上		
				義経千本桜　すし屋	お里	
	09・27		歌舞伎座	藤娘	（立方）	宗家藤間会
	10・05	10・27	国立劇場大劇場	市原野のだんまり	平井保昌	第五十二回十月歌舞伎公演
				籠釣瓶花街酔醒	兵庫屋八ツ橋	
	11・05	11・27	国立劇場大劇場	嬢景清八嶋日記	景清娘糸滝	第五十三回十一月歌舞伎公演
	11・30	12・25	南座	近江源氏先陣館　盛綱陣屋	早瀬	當る丑歳吉例顔見世興行、京の年中行事、東西合同大歌舞伎
				仮名手本忠臣蔵　七段目	大星力弥	
				女伊達	女伊達音羽のお菊	
昭和48 一九七三	01・05	01・27	国立劇場大劇場	男伊達吉例曾我	傾城奥州	第五十五回一月歌舞伎公演
	02・01	02・25	歌舞伎座	仮名手本忠臣蔵　道行旅路の花聟・六段目・七段目	おかる	尾上菊五郎劇団、二月大歌舞伎
	03・02	03・27	歌舞伎座	ぢいさんばあさん	宮重久弥	中村勘三郎・尾上梅幸・長谷川一夫、三月顔合せ興行
				水仙丹前	色若衆艶之丞	
				江戸の花　め組の喧嘩	辰五郎の娘お大	
				をんな忠臣蔵	女スリ鉄砲お定	
	04・05	04・27	国立劇場大劇場	生写朝顔話	秋月娘深雪後に朝顔	第五十七回四月歌舞伎公演
	05・01	05・25	大阪新歌舞伎座	仮名手本忠臣蔵　九段目	小浪	吉例第五回大阪顔見世大歌舞伎、二代目坂東亀蔵・二代目市村萬次郎襲名披露
				色彩間苅豆	かさね	

年	初日	千穐楽	劇場	演目	役	備考
				妹背山婦女庭訓　三笠山御殿	橘姫	
				俠客御所五郎蔵	傾城皐月	
	05・28		大阪毎日ホール	鷺娘	鷺娘	毎日ホール芸術祭
	06・05	06・27	国立劇場大劇場	心謎解色絲	糸屋の娘お房	第五十九回六月歌舞伎公演
	08・03	08・05	国立劇場小劇場	一谷嫩軍記　熊谷陣屋	相模	第六回青年歌舞伎祭、あすなろう会
				紅葉狩	更科姫実は戸隠山の鬼女	
	08・29	08・30	国立劇場大劇場	十二段君が色音	花売女菊実は小女郎狐	尾上菊之助・尾上菊之丞、よきこと会
				越前一乗谷	小少将	
	10・02	10・27	歌舞伎座	弁天娘女男白浪　浜松屋・勢揃	弁天小僧菊之助	七代目尾上菊五郎襲名披露、十月大歌舞伎
				七代目尾上菊五郎襲名披露口上		
				京鹿子娘道成寺	白拍子花子	
	11・01	11・26	歌舞伎座	本朝廿四孝　十種香	八重垣姫	七代目尾上菊五郎襲名披露、十一月顔見世大歌舞伎
				七代目尾上菊五郎襲名披露口上		
				助六曲輪菊	花川戸助六	
	12・03	12・25	国立劇場大劇場	仮名手本忠臣蔵　五段目・六段目	早野勘平	第六十二回十二月歌舞伎公演
昭和49 一九七四	01・05	01・27	国立劇場大劇場	女暫	巴御前	第六十三回一月歌舞伎公演
	02・02	02・26	歌舞伎座	若き日の信長	弥生	尾上菊五郎劇団、二月大歌舞伎
				達陀	青衣の女人	
				八重桐廓噺　嫗山姥	萩野屋八重桐	
	03・05	03・27	国立劇場大劇場	摂州合邦辻　住吉神社境内・天王寺万代池・合邦庵室	浅香姫	第六十四回三月歌舞伎公演

初日	千秋楽	劇場	演目	役名	備考
04・02	04・27	歌舞伎座	船弁慶	静御前、新中納言知盛の霊	陽春四月大歌舞伎／紫式部学会協賛
			源氏物語　朧月夜かんの君	朧月夜かんの君	
			夕顔棚	村の娘	
			毛抜	腰元巻絹	
			花街模様薊色縫　十六夜清心	十六夜	
05・01	05・26	大阪新歌舞伎座	七代目尾上菊五郎襲名披露口上		七代目尾上菊五郎襲名披露、吉例第六回大阪顔見世大歌舞伎
			助六曲輪菊	花川戸助六	
			紅葉狩	更科姫実は戸隠山の鬼女	
06・04	06・28	新橋演舞場	菅原伝授手習鑑　寺子屋	千代	六月花形歌舞伎
			紅葉狩	更科姫実は戸隠山の鬼女	
			元禄忠臣蔵　御浜御殿	御祐筆江島	
			義経千本桜　吉野山	静御前	
			其面影稲妻草紙　名古屋山三 浪宅・伊達競曲輪鞘當	名古屋山三	
09・02	09・26	歌舞伎座	吹雪峠	おえん	九月大歌舞伎
			銘作左小刀　京人形	京人形の精	
			ひらかな盛衰記　逆櫓	お筆	
			道行旅路の花聟　落人	腰元おかる	
			弁天娘女男白浪　浜松屋・勢揃	弁天小僧菊之助	
10・02	10・27	御園座	七代目尾上菊五郎襲名披露口上		昭和四十九年度名古屋市民芸術祭参加、東西合同大歌舞伎、吉例名古屋顔見世、七代目尾上菊五郎襲名披露
			京鹿子娘道成寺	白拍子花子	

年	初日	千穐楽	劇場	演目	役	備考
	10・28		歌舞伎座	人魚の灯	漁師菊吉	猿若明石の会
	11・01	11・25	歌舞伎座	鴛鴦襖恋睦	遊女喜瀬川・雌鴛鴦の精	歌舞伎座開場八十五周年、吉例顔見世大歌舞伎
	11・27		歌舞伎座	水仙丹前	（立方）	荻江露友の会
	11・30	12・25	南座	春興鏡獅子	弥生後に獅子の精	當る卯歳吉例顔見世興行、京の年中行事、東西合同大歌舞伎／七代目尾上菊五郎襲名披露狂言
				女暫	巴御前	
昭和50 一九七五	01・05	01・27	国立劇場大劇場	盲長屋梅加賀鳶	加賀鳶春木町巳之助	第七十回一月歌舞伎公演
	01・17		神奈川県民ホール	寿式三番叟	千歳	開館記念式典、松竹大歌舞伎
	01・30		国立劇場大劇場	御存鈴ヶ森	雲助	第十六回俳優祭
				白雪姫	動物たち　リス	脚本を担当
	02・01	02・25	歌舞伎座	英執着獅子	姫後に獅子の精	尾上菊五郎劇団、二月大歌舞伎
				天衣紛上野初花	三千歳	
	03・05	03・27	国立劇場大劇場	児雷也豪傑譚話	児雷也	第七十一回三月歌舞伎公演
	04・02	04・26	歌舞伎座	寿曽我対面	舞鶴	松竹八十周年記念、陽春四月大歌舞伎
				元禄忠臣蔵　大石最後の一日	おみの	
	05・01	05・25	大阪新歌舞伎座	義経千本桜　すし屋	お里	吉例第七回大阪顔見世大歌舞伎
				沓手鳥孤城落月	豊臣秀頼	
				盲長屋梅加賀鳶	加賀鳶春木町巳之助	
				男女道成寺	白拍子花子	
	06・05		京都国際会館	女伊達	女伊達音羽のお菊	昭和四十九年度カネボウチェーン店全国表彰式、祝賀舞
	06・29	06・30	国立劇場大劇場	将門	滝夜叉姫	尾上菊五郎・尾上菊之丞、第二回よきこと会

年	開始	終了	劇場	演目	役	備考
	07・02	08・04	地方巡業	昔噺　水奈穂物語 七代目尾上菊五郎襲名披露口上 弁天娘女男白浪　浜松屋・勢揃	水奈穂・白綾姫 弁天小僧菊之助	七代目尾上菊五郎襲名披露、松竹大歌舞伎特別公演
	08・29	09・23	地方巡業	七代目尾上菊五郎襲名披露口上 京鹿子娘道成寺	 白拍子花子	七代目尾上菊五郎襲名披露、松竹大歌舞伎特別公演
	10・02	10・26	御園座	道行旅路の花聟　落人 近江源氏先陣館　盛綱陣屋 元禄忠臣蔵　大石最後の一日 勧進帳	腰元おかる 早瀬 おみの 源義経	創立八十周年記念興行、吉例名古屋顔見世
	10・29		歌舞伎座	玉兎	(立方)	宗家藤間会
	11・01	11・25	歌舞伎座	籠釣瓶花街酔醒	兵庫屋九重	當る十一月吉例顔見世大歌舞伎
	12・03	12・25	国立劇場大劇場	仮名手本忠臣蔵　大序・四段目	顔世御前	第七十六回十二月歌舞伎公演
昭和51 一九七六	01・03	01・28	国立劇場大劇場	黒手組曲輪達引	番頭権九郎、花川戸助六	第七十七回一月歌舞伎公演
	01・29		歌舞伎座	橋弁慶	牛若丸	初代尾上菊之丞を憶ふ会
	02・01	02・25	歌舞伎座	繪島生島 六歌仙容彩　遍照・業平・小町・黒主	お初(後の繪島)・中臈繪島 小野小町	尾上菊五郎劇団、二月大歌舞伎
	02・20		歌舞伎座	妹背山婦女庭訓　三笠山御殿 越後獅子	お三輪 (立方)	老人福祉施設寄贈天地会チャリティー
	02・28	03・21	中日劇場	人情噺文七元結 児雷也豪傑譚話	家主 児雷也	歌舞伎特別公演

年	初日	千穐楽	劇場	演目	役名	備考
昭和52 一九七七						
	04・02	04・26	歌舞伎座	鶴亀	女帝	江戸歌舞伎三百五十年、猿若祭四月大歌舞伎
				宮島だんまり	畠山重忠	
				弥栄芝居賑　猿若座芝居前	女達七だいおきく	初代猿若中村勘三郎三百五十年記念
				弁天娘女男白浪	赤星十三郎	
	05・02	05・26	大阪新歌舞伎座	勧進帳	源義経	吉例第八回大阪顔見世大歌舞伎
				児雷也豪傑譚話	児雷也	
	06・04	06・28	新橋演舞場	恐怖時代	小姓磯貝伊織之介	六月花形歌舞伎
				廓文章　吉田屋	夕霧	
				花街模様薊色縫　十六夜清心	清心	
	08・27	09・25	地方巡業	七代目尾上菊五郎襲名披露口上		昭和五十一年度文化庁移動芸術祭歌舞伎公演
				弁天娘女男白浪　浜松屋・勢揃	弁天小僧菊之助	
	10・03	10・28	国立劇場大劇場	義経千本桜　堀川御所・鳥居前・吉野山	静御前	第八十回十月歌舞伎公演、国立劇場開場十周年記念
	11・02	11・27	国立劇場大劇場	義経千本桜　北嵯峨庵室・椎の木・小金吾討死	主馬小金吾	第八十一回十一月歌舞伎公演、国立劇場開場十周年記念
	11・02		新橋演舞場	四季山姥	（立方）	八代目常磐津小文字太夫襲名披露演奏大会
	11・30		新橋演舞場	蝶の道行	助国	第二十一回白蝶会、川口秀子舞踊発表会
	12・03	12・25	帝国劇場	一谷嫩軍記　陣門・組討	小次郎、敦盛	吉例帝劇大歌舞伎、十二月特別公演
				弁天娘女男白浪　浜松屋・勢揃	弁天小僧菊之助	
				鳥辺山心中	お染	
				勧進帳	源義経	
	01・03	01・28	国立劇場大劇場	菅原伝授手習鑑　寺子屋	千代	第八十三回一月歌舞伎公演
				助六曲輪菊	三浦屋揚巻	

02・01	02・25	歌舞伎座	少将滋幹の母	北の方	尾上菊五郎劇団、二月大歌舞伎
			敵討天下茶屋聚	伊織妻染の井	
			再爰歌舞伎花轢　お祭り	芸者秀菊	
			土蜘	侍女胡蝶	
			神明恵和合取組　め組の喧嘩	辰五郎女房お仲	
03・05	03・27	国立劇場大劇場	志らぬひ譚	鳥山犬千代後に鳥山秋作照忠	第八十四回三月歌舞伎公演
03・28		歌舞伎座	六歌仙容彩より　文屋	官女純の局	第十七回俳優祭、日本俳優協会再建二十周年記念
04・30		三越劇場	廓八景	（立方）	第三二七回三越名人会
05・04	05・28	歌舞伎座	寿曽我対面	大磯の虎	團菊祭五月大歌舞伎
			与話情浮名横櫛　見染・源氏店	与三郎	
			助六由縁江戸桜	白酒売新兵衛実は曽我十郎	
06・04	06・28	新橋演舞場	千姫春秋記	徳川家光	六月花形歌舞伎
			権八小紫　其小唄夢廓	白井権八	
			藤娘	藤娘	
			玉兎	玉兎	
			梅ごよみ	小梅のお由	
08・25	09・24	地方巡業	お目見得口上		松竹大歌舞伎特別公演
			弁天娘女男白浪　浜松屋・勢揃	弁天小僧菊之助	
10・01	10・26	御園座	新版歌祭文　野崎村	久松	東西合同大歌舞伎、吉例第十三回顔見世、九代目澤村宗十郎襲名披露・二代目澤村藤十郎襲名披露／澤村藤十郎襲名披露狂言
			男女道成寺	白拍子桜子実は狂言師左近	

年	開始	終了	劇場	演目	役名	備考
	11・03	11・27	新橋演舞場	摂州合邦辻　合邦庵室	俊徳丸	十一月芸術祭参加新派特別公演、尾上菊五郎特別参加
				黒髪ざんげ	仕立屋銀次	
				残菊物語	尾上菊之助	
	12・03	12・25	国立劇場大劇場	天衣紛上野初花　河内山と直侍	三千歳	第八十九回十二月歌舞伎公演
昭和53 一九七八	01・03	01・28	国立劇場大劇場	積恋雪関扉	小野小町姫	第九十回一月歌舞伎公演
				三人吉三廓初買	お嬢吉三	
	02・02	02・26	歌舞伎座	菅原伝授手習鑑　賀の祝	桜丸	菊五郎劇団結成三十年記念興行大歌舞伎
				男女道成寺	白拍子桜子実は狂言師左近	
				初霞空住吉　かっぽれ	菊坊主	
				江戸女草紙　あいびきの女	長円寺の僧覚順	
				曽我綉侠御所染　御所五郎蔵	傾城皐月	
	03・05	03・27	国立劇場大劇場	浮世柄比翼稲妻　鈴ヶ森・山三浪宅・鞘当	名古屋山三、白井権八	第九十一回三月歌舞伎公演
	03・11	04・08	CX	球形の荒野（全五回）［TV］		歌舞伎「男女道成寺」
	04・03	04・28	国立劇場大劇場	奥州安達原　袖萩祭文・道行・一つ家	志賀崎生駒之助英	第九十二回四月歌舞伎公演
	05・04	05・28	歌舞伎座	勧進帳	富樫左衛門	團菊祭五月大歌舞伎
				伊勢音頭恋寝刃　油屋・奥庭	福岡貢	
	05・29		新橋演舞場	滝口入道の恋	横笛	尾上菊之丞主宰、第二十三回光葉会
	06・03	06・27	大阪新歌舞伎座	残菊物語	尾上菊之助	新歌舞伎座開場二十周年記念、水谷八重子、新派特別公演、尾上菊五郎・市川海老蔵特別参加
				明石の姫　「源氏物語」より	頭中将	
				風流深川唄	長蔵	

年	開始	終了	劇場	演目	役	備考
	09・03	09・27	新橋演舞場	彦山権現誓助劔　毛谷村	お園	九月菊五郎劇団花形公演
				江戸の夕映	おりき	
				一谷嫩軍記　熊谷陣屋	相模	
				身替座禅	山蔭右京	
	09・30	10・25	御園座	土蜘	侍女胡蝶	菊五郎劇団結成三十年記念、第十四回吉例顔見世
				仮名手本忠臣蔵　五段目・六段目	早野勘平	
				紅葉狩	山神	
				初霞空住吉　かっぽれ	菊坊主	劇団結成三十年御挨拶
	12・01	12・27	サンシャイン劇場	与話情浮名横櫛	与三郎	サンシャイン劇場開場記念、十二月花形歌舞伎
				男女道成寺	狂言師右近（白拍子桜子）	
昭和54 一九七九	02・02	02・26	歌舞伎座	おちくぼ物語	姫（おちくぼの君）	四代目市川左團次襲名披露、二月大歌舞伎、菊五郎劇団
				銘作左小刀　京人形	井筒姫	市川左團次襲名披露狂言
				御祝儀　越後獅子	越後獅子	
				毛抜	腰元巻絹	市川左團次襲名披露狂言
				四代目市川左團次襲名披露口上		
				次郎吉懺悔	おいち	
	04・03	09・25	ANB	半七捕物帳（全二十六回）［TV］	半七	
	05・05	05・29	歌舞伎座	黒手組曲輪達引	番頭権九郎、花川戸助六	團菊祭五月大歌舞伎
				近江源氏先陣館　盛綱陣屋	伊吹藤太	
				花街模様薊色縫　十六夜清心	清心	
	08・25	09・23	地方巡業	お目見得口上		松竹大歌舞伎特別公演

年	初日	千秋楽	劇場	演目	役	公演
	10・01	10・25	歌舞伎座	鳥辺山心中 盲長屋梅加賀鳶 恋湊博多諷 道行旅路の花聟　落人	お染 加賀鳶春木町巳之助 小松屋宗七 腰元おかる	當る昭和五十四年藝術祭十月大歌舞伎
	11・01	11・25	歌舞伎座	色彩間苅豆　かさね	与右衛門	十一月吉例顔見世大歌舞伎
	12・02	12・24	国立劇場大劇場	ひらかな盛衰記　源太勘当	梶原源太景季	第一〇一回十二月歌舞伎公演
昭和55 一九八〇	01・03	01・28	国立劇場大劇場	戻橋背御摂　土蜘蛛・団十郎狂乱	於岩実は土蜘蛛の精	第一〇二回一月歌舞伎公演
	01・06	12・21	NHK	獅子の時代(全五十一回)[TV]	高松凌雲	大河ドラマ
	01・29		歌舞伎座	保名	(立方)	初代尾上菊之丞を憶ふ会
	02・02	02・26	歌舞伎座	彦山権現誓助剱　毛谷村 上意討ち 八代目坂東彦三郎襲名披露口上	お園 与五郎妻市・側室美崎こと市	八代目坂東彦三郎襲名披露、二月大歌舞伎
	03・05	03・27	国立劇場大劇場	鐺の権三 都鳥廓白浪	市之進妻おさい 傾城花子実は天狗小僧霧太郎実は吉田松若	第一〇三回三月歌舞伎公演
	05・03	05・27	歌舞伎座	若き日の信長 春興鏡獅子	弥生 弥生後に獅子の精	十一代目市川團十郎十五年祭、團菊祭五月大歌舞伎
	05・28		歌舞伎座	四季三葉草	千歳	清元生活六十五年、志寿太夫の會
	07・27		NHKホール	弁天娘女男白浪　浜松屋・勢揃	弁天小僧菊之助	第五回NHK伝統芸能の会
	09・04	09・25	国立劇場大劇場	義経千本桜　吉野山・河連法眼館	佐藤忠信、源九郎狐	第十七回歌舞伎鑑賞教室
	09・27		歌舞伎座	かさね	与右衛門	正派若柳会発会三十年記念舞踊会

年	初日	千穐楽	劇場	演目	役	備考
	10・03	10・27	御園座	番町皿屋敷 弁天娘女男白浪　浜松屋・勢揃 上意討ち	腰元お菊 弁天小僧菊之助 与五郎妻市・側室美崎こと市	創立八十五周年記念、第十六回吉例顔見世、八代目坂東彦三郎襲名披露
	10・08	3・25（1981）	テレビ東京	悪党狩り（全二十四回）［TV］	定町廻り同心神谷玄次郎	
昭和56 一九八一	02・01	02・25	歌舞伎座	坂崎出羽守 本朝廿四孝　奥庭狐火 花魁草	千姫 八重垣姫 猿若町の大部屋役者中村幸太郎・元役者幸太郎・中村若之助	尾上菊五郎劇團、二月大歌舞伎
	03・05	03・27	国立劇場大劇場	日月星享和政談　延命院日当 権八小紫　其小唄夢廓	宮川牛之助後に延命院日当、小栗の馬吉 小紫	第一一〇回三月歌舞伎公演
	05・04	05・28	歌舞伎座	京鹿子娘道成寺 四季「春」紙雛・「夏」魂まつり 与話情浮名横櫛　見染・源氏店	白拍子花子 女雛【春・紙雛】、舞妓【夏・魂まつり】 お富	六代目尾上菊五郎三十三回忌追善、團菊祭五月大歌舞伎
	06・04	06・28	中座	男女道成寺 番町皿屋敷	白拍子桜子実は狂言師左近 青山播磨	関西で歌舞伎を育てる会第三回公演、六月中座大歌舞伎
	08・21	09・25	地方巡業	お目見得口上 義経千本桜　吉野山	 忠信実は源九郎狐	松竹大歌舞伎特別公演
	09・27		歌舞伎座	島の千歳	（立方）	宗家藤間会

年	初日	千穐楽	劇場	演目	役名	備考
	10・02	10・26	歌舞伎座	勧進帳 盲長屋梅加賀鳶 初代松本白鸚・九代目松本幸四郎・七代目市川染五郎襲名披露口上	源義経 加賀鳶昼ッ子尾之吉	初代松本白鸚・九代目松本幸四郎・七代目市川染五郎襲名披露、藝術祭十月大歌舞伎
	10・27		歌舞伎座	鳥辺山	縫之助	第二十六回白蝶会、川口秀子舞踊発表会
	11・03	11・28	国立劇場大劇場	菅原伝授手習鑑　加茂堤	八重	第一一二回十一月歌舞伎公演、国立劇場開場十五周年記念
	11・28		歌舞伎座	三番叟	三番叟	真磨琴会
	12・02	12・25	国立劇場大劇場	菅原伝授手習鑑　車引・賀の祝	桜丸	第一一三回十二月歌舞伎公演、国立劇場開場十五周年記念
昭和57 一九八二	01・02	01・26	大阪新歌舞伎座	勧進帳 弁天娘女男白浪　浜松屋・勢揃 九代目松本幸四郎襲名披露口上	源義経 弁天小僧菊之助	九代目松本幸四郎襲名披露、壽初春大歌舞伎
	02・03	02・27	歌舞伎座	春興鏡獅子 根元草摺引 頼朝の死 半七捕物帳　春の雪解 一谷嫩軍記　陣門・組討 三人吉三巴白浪	弥生後に獅子の精 舞鶴 小周防 辰伊勢若旦那永太郎 玉織姫 お嬢吉三	尾上菊五郎劇団、二月大歌舞伎
	03・05	03・27	国立劇場大劇場	南総里見八犬伝	伏姫、犬塚信乃	第一一五回三月歌舞伎公演
	04・03	04・28	新橋演舞場	弁天娘女男白浪 菅原伝授手習鑑　寺子屋 籠釣瓶花街酔醒	弁天小僧菊之助 千代 繁山栄之丞	新装開場記念、當る四月陽春大歌舞伎

年	開始	終了	劇場	演目	役	備考
	05・03	05・28	歌舞伎座	春興鏡獅子 淀君情史	弥生後に獅子の精 大野治長	新装開場記念、團菊祭五月大歌舞伎、五代目坂東亀三郎初舞台・六代目清元栄壽太夫襲名
	06・28	08・08	地方巡業	お目見得口上 義経千本桜　河連法眼館	 佐藤忠信、源九郎狐	松竹大歌舞伎特別公演
	08・27		神戸文化ホール	幻椀久 色彩間苅豆　かさね	松山 与右衛門	尾上流舞踊公演、よきこと会
	09・02	09・26	大阪新歌舞伎座	怪異談牡丹燈籠	萩原新三郎、伴蔵	尾上菊五郎新秋特別公演、三林京子
	10・01	10・26	歌舞伎座	近江のお兼 義経千本桜　吉野山 都鳥廓白浪	お兼 静御前 傾城花子実は天狗小僧霧太郎実は吉田松若丸	藝術祭十月大歌舞伎
	10・28		新橋演舞場	近江のお兼	お兼	尾上菊次を偲ぶ会、若柳与志之助舞踊会
	10・29		歌舞伎座	夏の夜の夢	カッパッコ	第二十一回俳優祭／演出を担当
	11・03	11・25	国立劇場大劇場	彦山権現誓助剱　一味斉屋敷・杉坂墓所・毛谷村	お園	第一一七回十一月歌舞伎公演
	12・01	12・26	南座	勧進帳 団子売 ぢいさんばあさん 与話情浮名横櫛　源氏店	源義経 団子売杵造 妻きく 与三郎	當る亥歳吉例顔見世興行、京の年中行事、東西合同大歌舞伎
昭和58 一九八三	01・02	01・26	歌舞伎座	松竹梅　四季三葉草 菅原伝授手習鑑　寺子屋	千歳 千代	當る亥歳壽初春大歌舞伎
	01・19		国立劇場小劇場	七福神	（立方）	和歌山京之副芸道五十周年記念演奏会
	02・01	02・25	歌舞伎座	江戸の夕映	おりき	菊五郎劇団結成三十五周年記念、二月大歌舞伎

初日	千穐楽	劇場	演目	役	備考
02・11		歌舞伎座	二人道成寺	白拍子桜子	菊五郎劇団結成三十五周年記念、天地会／改訂・演出を担当
			暗闇の丑松	お米	
			妹背山婦女庭訓　三笠山御殿	橘姫	
			唐津かんねどん　唐津かんねのはなし	狐の化けた女形	
			妹背山婦女庭訓より　芋勢女形婦貞禁　三笠山御殿	いじめの官女桜の局	
			四千両小判梅葉より　笑劇㊙女牢　小伝馬町女牢		
			白浪五人男　勢揃	後見後に捕手	初のお目見得！チビッ子五人男
03・05	03・27	国立劇場大劇場	島衛月白浪	明石屋島蔵	第一二〇回三月歌舞伎公演
04・28		歌舞伎座	寿式三番叟	面箱	藤間康詞七世宗家継承の会／藤間康詞七世宗家継承披露番組
05・01	05・26	歌舞伎座	色彩間苅豆　かさね	与右衛門	團菊祭五月大歌舞伎／六世尾上梅幸五十回忌追善狂言
			源氏物語　桐壺の巻・若紫の巻・紅葉賀の巻・賢木の巻	四の宮後に藤壺中宮	
06・04	06・25	国立劇場大劇場	壺坂霊験記	お里	第二十二回歌舞伎鑑賞教室
			身替座禅	山蔭右京	
06・28		新橋演舞場	船弁慶	源義経	尾上菊之丞の会
07・02	07・21	国立劇場大劇場	傾城反魂香	おとく	第二十三回歌舞伎鑑賞教室
08・19	09・27	地方巡業	一條大蔵譚　檜垣・奥殿	一條大蔵卿	松竹大歌舞伎特別公演
			お目見得口上		
09・28		国立劇場小劇場	小唄振り　花の雲　夏景色	（立方）	蓼胡津留喜寿の会
10・01	10・26	御園座	一谷嫩軍記　熊谷陣屋	源義経	御園座創立八十八周年記念、第十九回吉例顔見世
			鬼一法眼三略巻　菊畑	奴虎蔵実は源牛若丸	

				籠釣瓶花街酔醒	兵庫屋八ツ橋	
	11・01	11・23	南座	残菊物語	尾上菊之助	新珠三千代・尾上菊五郎、秋の特別公演
	12・01	12・25	歌舞伎座	仮名手本忠臣蔵　大序・三段目・四段目・道行旅路の花聟・五段目・六段目	塩冶判官【大序・三段目・四段目】、おかる【道行】、早野勘平【五段目・六段目】	十二月花形歌舞伎
昭和59 一九八四	01・02	01・26	浅草公会堂	身替座禅	山蔭右京	浅草歌舞伎五周年記念、寿初春花形歌舞伎
				松浦の太鼓	大高源吾	
				新・平家物語　若き日の清盛	遠藤武者盛遠	
	02・01	02・26	歌舞伎座	春興鏡獅子	弥生後に獅子の精	菊五郎劇団、二月大歌舞伎
				絵本牛若丸	御厩鬼三太	尾上丑之助初舞台相勤め申し候
				藤娘	藤娘	
	02・28		国立劇場大劇場	松の翁	(立方)	尾上菊之丞主催、尾上会
	03・04	03・26	国立劇場大劇場	青砥稿花紅彩画　白浪五人男	弁天小僧菊之助	第一二五回三月歌舞伎公演
	03・28		御園座	島の千才	(立方)	西川右近三世家元継承の会
	04・01	04・25	新橋演舞場	お富与三郎　宝暦相聞歌	与三郎	新橋演舞場創立六十周年記念、四月特別公演
	05・02	05・27	歌舞伎座	景清	秩父庄司重忠	團菊祭五月大歌舞伎
				船弁慶	静御前、新中納言平知盛の霊	
				弥栄芝居賑　芝居前	女伊達音羽のおゆき	
				日本振袖始　簸の川	手摩長者姫稲田姫	
	06・01	06・25	中座	身替座禅	山蔭右京	関西で歌舞伎を育てる会第六回公演、六月花形大歌舞伎
				傾城反魂香	おとく	
				弁天娘女男白浪　浜松屋・勢揃	弁天小僧菊之助	

	06・29	08・12	地方巡業	一條大蔵譚　檜垣・奥殿 お目見得口上	一條大蔵卿	松竹大歌舞伎特別公演
	10・02	10・26	歌舞伎座	玉藻前雲居晴衣　金毛九尾の妖狐 極付幡随長兵衛	玉藻前実は金毛九尾の狐 水野十郎左衛門	藝術祭十月大歌舞伎／尾上菊五郎宙乗り相勤め申し候
	10・30		新橋演舞場	THRILLER by MICHAEL JACKSON	男	第二十九回白蝶会
	11・03	11・25	国立劇場大劇場	北洲霊異 ひらかな盛衰記	遊女の霊関屋 お筆	第一二八回十一月歌舞伎公演／国立劇場新作歌舞伎脚本入選作
	11・30	12・25	南座	男女道成寺 廓文章　吉田屋	白拍子桜子実は狂言師左近 夕霧	當る丑歳吉例顔見世興行、京の年中行事、東西合同大歌舞伎、松竹創業九十周年記念
昭和60 一九八五	01・02	01・27	浅草公会堂	弁天娘女男白浪　浜松屋・勢揃	弁天小僧菊之助	第六回寿初春花形歌舞伎
	03・05	03・27	国立劇場大劇場	京鹿子娘道成寺	白拍子花子	第一三一回三月歌舞伎公演
	04・01	04・26	歌舞伎座	寿曽我対面 十二代目市川團十郎襲名披露口上 助六由縁江戸桜	曽我十郎 白酒売新兵衛実は曽我十郎	松竹創業九十周年記念、十二代目市川團十郎襲名披露、四月大歌舞伎
	05・03	05・27	歌舞伎座	一谷嫩軍記　熊谷陣屋 外郎売 十二代目市川團十郎・七代目市川新之助襲名披露口上 其俤対編笠　鞘當	相模 舞鶴 名古屋山三	松竹創業九十周年記念、十二代目市川團十郎襲名披露、五月大歌舞伎、七代目市川新之助初舞台披露、七代目市川新之助初舞台相勤め申し候

年	開始	終了	劇場	演目	役名	備考
	06・01	06・27	歌舞伎座	色彩間苅豆　かさね 十二代目市川團十郎襲名披露口上 助六由縁江戸桜	かさね 三浦屋揚巻	松竹創業九十周年記念、十二代目市川團十郎襲名披露、六月大歌舞伎、一九八五年国際演劇月参加／七世團十郎初演なせし由縁の狂言
	07・06	07・20	地方巡業	お目見得口上 傾城反魂香 近江のお兼	 おとく お兼	松竹大歌舞伎特別公演
	07・23	07・31	地方巡業	傾城反魂香	おとく	昭和六十年度文化庁青少年芸術劇場、歌舞伎
	09・21		郡山文化センター	与話情浮名横櫛　源氏店	与三郎	松竹大歌舞伎特別公演
	09・28		歌舞伎座	喜撰	喜撰法師	五世藤間勘十郎五十年祭、宗家藤間会
	10・03	10・27	歌舞伎座	伽羅先代萩　竹の間・御殿 雙生隅田川	乳人政岡 班女御前・狂女実は班女御前	藝術祭十月大歌舞伎
	11・03	11・25	国立劇場大劇場	鬼一法眼三略巻　菊畑・一條大蔵卿	奴虎蔵実は牛若丸、一條大蔵卿	第一三三回十一月歌舞伎公演
	12・01	12・25	歌舞伎座	天衣紛上野初花　河内山と直侍	片岡直次郎	十二月大歌舞伎
昭和61 一九八六	01・02	01・26	歌舞伎座	修禅寺物語 三人吉三廓初買　大川端	姉娘桂 お嬢吉三	壽初春大歌舞伎
	01・29		歌舞伎座	二人椀久	椀久	第一回藤間康詞リサイタル
	03・05	03・27	国立劇場大劇場	双蝶々曲輪日記	放駒長吉、山崎屋与五郎、南与兵衛後に南方十次兵衛	第一三六回三月歌舞伎公演
	03・28		歌舞伎座	梅檀女道行　国性爺合戦	梅檀女	雀右衛門の会第七回公演、尾上菊五郎特別出演

開始	終了	劇場	演目	役	備考
04・01	04・25	大阪新歌舞伎座	勧進帳	源義経	十二代目市川團十郎襲名披露、四月大歌舞伎
			菅原伝授手習鑑　寺子屋	千代	
			十二代目市川團十郎襲名披露口上		
			助六由縁江戸桜	白酒売新兵衛実は曽我十郎	
04・27		歌舞伎座	花競夢助六	三浦屋若い者	第二十四回俳優祭／構成・演出を担当
05・03	05・27	歌舞伎座	ひらかな盛衰記　源太勘当	梶原源太景季	團菊祭五月大歌舞伎
			甲斐源氏夢旗挙	武田信虎	松竹懸賞脚本当選作
			勧進帳	源義経	五月十二日英国皇太子夫妻ご観劇
05・28		歌舞伎座	勧進帳	源義経	九代目市川團十郎「暫」銅像復元建設募金、花形歌舞伎名作公演
06・01	06・25	歌舞伎座	一谷嫩軍記　熊谷陣屋	源義経	'86国際演劇月参加、六月大歌舞伎
			義経千本桜　すし屋	いがみの権太	
			変化道成寺	白拍子玉子実は九尾狐	
06・28		歌舞伎座	水仙丹前	（立方）	七代目芳村伊十郎十三回忌追善、長唄演奏会
07・04	07・25	国立劇場大劇場	恋飛脚大和往来　封印切	亀屋忠兵衛	第二十九回歌舞伎鑑賞教室
10・02	10・26	歌舞伎座	加賀見山旧錦絵	お初	藝術祭十月大歌舞伎
			羽根の禿	禿梅野	
			うかれ坊主	願人坊主源八	
			女殺油地獄	お吉	
10・27		歌舞伎座	四季三葉草	三番叟	志寿太夫米寿の会
11・01	11・25	歌舞伎座	新薄雪物語	奴妻平	十一月顔見世大歌舞伎

	12・01	12・25	歌舞伎座	菅原伝授手習鑑　寺子屋 積恋雪関扉 青砥稿花紅彩画　白浪五人男 花街模様薊色縫　十六夜清心 お祭り	戸浪 小野小町姫、傾城墨染実は小町桜の精 弁天小僧菊之助 清心 芸者秀菊	十二月花形歌舞伎
昭和62 一九八七	01・02	01・26	浅草公会堂	神明恵和合取組　め組の喧嘩	め組辰五郎	第七回壽初春花形歌舞伎
	01・29		歌舞伎座	熊野	熊野	初代尾上菊之丞を憶ふ会
	02・01	02・25	御園座	京鹿子娘道成寺 一谷嫩軍記　熊谷陣屋 青砥稿花紅彩画　白浪五人男	白拍子花子 源義経 弁天小僧菊之助	花形大歌舞伎
	03・05	03・27	国立劇場大劇場	四千両小判梅葉	野州無宿入墨富蔵	第一四二回三月歌舞伎公演
	04・02	04・26	大阪新歌舞伎座	青砥稿花紅彩画　白浪五人男 与話情浮名横櫛　見染・源氏店 土蜘	弁天小僧菊之助 お富 僧智籌実は土蜘の精	陽春四月大歌舞伎
	05・03	05・27	歌舞伎座	安政奇聞佃夜嵐 九代目市川團蔵襲名披露口上 船弁慶	青木貞次郎 静御前、新中納言平知盛の霊	團菊祭五月大歌舞伎、九代目市川團蔵襲名披露
	05・28		国立文楽劇場	かさね	与右衛門	扇流初代追善加奈目会公演
	06・01	06・26	歌舞伎座	生きている小平次 土蜘	小幡小平次 僧智籌実は土蜘の精	'87国際演劇月参加、六月大歌舞伎
	09・01	09・25	歌舞伎座	九代目坂東三津五郎・五代目坂東秀調襲名披露口上		九月大歌舞伎、九代目坂東三津五郎・五代目坂東秀調襲名披露

年	初日	千穐楽	劇場	演目	役	備考
	10・02	10・26	御園座	六歌仙容彩　喜撰	所化栃面	第二十三回吉例顔見世、九代目坂東三津五郎・五代目坂東秀調襲名
				人情噺小判一両	笊屋安七	
				義経千本桜　すし屋	いがみの権太	
				人情噺文七元結	角海老女房お駒	
				勧進帳	富樫左衛門	
	11・01	11・25	歌舞伎座	楼門五三桐	真柴久吉(1～22日)、左忠太(24日)	吉例顔見世大歌舞伎
				蔦紅葉宇都谷峠	提婆の仁三、座頭文弥、文弥の亡霊	
	12・01	12・26	南座	曽我綉俠御所染　御所五郎蔵	傾城皐月	當る辰歳吉例顔見世興行、京の年中行事、東西合同大歌舞伎
				三千両黄金蔵入　松平長七郎 大和橋馬切り	同心長井甚左衛門	片岡仁左衛門顔見世三十五年連続出演記念
				三人吉三巴白浪　大川端	お嬢吉三	
昭和63 一九八八	01・03	01・28	国立劇場大劇場	御摂勧進帳　暫・越前国気比明神境内・芋洗い勧進帳	熊井太郎【暫】、源義経【越前国気比明神境内・芋洗い勧進帳】	第一四六回一月歌舞伎公演
	02・02	02・26	歌舞伎座	菅原伝授手習鑑　加茂堤・車引・賀の祝	桜丸	歌舞伎座百年、二月大歌舞伎
	02・02		三越劇場	三番叟	(立方)	陶裳会、邦楽と舞踊の会
	02・29		国立劇場小劇場	鶴亀	鶴	二代目柏伊三郎十三回忌追善、三代目柏伊三郎襲名披露、長唄演奏会
	03・29		歌舞伎座	歌舞伎ワラエティ　西遊記	猪八戒	第二十五回俳優祭、日本俳優協会再建三十周年、歌舞伎座百年／構成・演出を担当
				初霞空住吉　かっぽれ	(立方)	

年	初日	千穐楽	劇場	演目	役名	備考
	04・01	04・25	歌舞伎座	仮名手本忠臣蔵　大序・三段目・四段目・五段目・六段目	塩冶判官【大序・三段目・四段目】、早野勘平【五段目・六段目】	歌舞伎座百年、四月大歌舞伎
	05・03	05・27	歌舞伎座	妹背山婦女庭訓　道行恋苧環	烏帽子折園原求女	歌舞伎座百年、五月大歌舞伎
				青砥稿花紅彩画　白浪五人男	弁天小僧菊之助	
	05・28		歌舞伎座	明烏夢泡雪	春日屋時次郎	雀右衛門の会第九回公演、尾上菊五郎特別出演
	06・02	06・27	歌舞伎座	春興鏡獅子	弥生後に獅子の精	'88国際演劇月参加、歌舞伎座百年、六月大歌舞伎
				極付幡随長兵衛	水野十郎左衛門	
	09・03	09・12	海外公演	仮名手本忠臣蔵　大序・三段目	桃井若狭之助	韓国公演／ソウル　国立劇場、プサン　文化会館〈計九回公演〉
				身替座禅	山蔭右京	
	09・21		桐蔭メモリアルホール	京鹿子娘道成寺	白拍子花子	松竹大歌舞伎特別公演、尾上菊五郎特別出演、桐蔭学園創立二十五周年記念
	10・05	10・27	国立劇場大劇場	日高川入相花王	藤原忠文、桜木親王、安珍実は桜木親王	第一四九回十月歌舞伎公演
	11・01	11・25	歌舞伎座	紅葉狩	更科姫実は戸隠山の鬼女	歌舞伎座百年、十一月顔見世大歌舞伎
				寿曽我対面	曽我十郎	
				京鹿子娘二人道成寺	所化清浄坊	
	11・30	12・25	南座	勧進帳	富樫左衛門	當る巳歳吉例顔見世興行、京の年中行事、東西合同大歌舞伎、南座発祥三百七十年記念
				春興鏡獅子	弥生後に獅子の精	
平成元 一九八九	01・03	01・28	国立劇場大劇場	外郎売	曽我十郎	第一五二回一月歌舞伎公演
				天衣紛上野初花　直侍と三千歳	片岡直次郎	
	01・30		歌舞伎座	平成鶴亀	（立方）	菊五郎劇団、四十周年記念の夕べ／記念舞踊

開始	終了	劇場	演目	役	備考
02・02	02・26	歌舞伎座	源氏物語絵巻 新皿屋舗月雨暈　魚屋宗五郎 義経腰越状　五斗三番叟 重扇縁絵競　額抜け　音羽座芝居前 神明恵和合取組　め組の喧嘩	柏木 魚屋宗五郎 源義経 中臈江島 め組辰五郎	尾上菊五郎劇団結成四十周年記念、二月大歌舞伎、中村芝翫・市川團十郎参加
04・02	04・26	歌舞伎座	菅原伝授手習鑑　寺子屋 高坏	千代 次郎冠者	四月大歌舞伎、十七世中村勘三郎一周忌追善
04・14		国立劇場大劇場	梅川忠兵衛	忠兵衛	武智鉄二追慕舞踊会
05・04	05・28	歌舞伎座	加賀見山旧錦絵 其俤対編笠　鞘當 花街模様薊色縫　十六夜清心	お初 名古屋山三 十六夜	'89国際演劇月参加、團菊祭五月大歌舞伎
05・29		歌舞伎座	小猿七之助御守殿お滝　夕立	小猿七之助	雀右衛門の会第十回公演、尾上菊五郎特別出演
06・04	06・28	新橋演舞場	伊勢音頭恋寝刃 茨木	福岡貢 士卒運藤	六月大歌舞伎、'89年国際演劇月参加作品
06・27		歌舞伎座	鶴亀	（立方）	十一代目家元望月太左衛門襲名披露演奏会
08・05		沖縄ハーバービューホテル	白浪五人男　浜松屋	弁天小僧菊之助	第四回歌舞伎まつり
08・18	09・26	地方巡業	弁天娘女男白浪　浜松屋・勢揃 九代目坂東三津五郎・九代目市川團蔵・五代目坂東秀調襲名披露口上	弁天小僧菊之助	平成元年度全国公文協主催、松竹大歌舞伎公演
09・28		歌舞伎座	かさね	与右衛門	宗家藤間会

	10・01	10・25	御園座	義経千本桜　吉野山	忠信実は源九郎狐	名古屋市制百周年記念、世界デザイン博覧会協賛、第二十五回吉例顔見世
				新皿屋舗月雨暈　魚屋宗五郎	魚屋宗五郎	
	10・28		歌舞伎座	歌舞伎ワラエティー　佛国宮殿薔薇譚　宝塚過激	オトワーヤ大英帝国王子	第二十六回俳優祭
				舞踊バラエティー　松羽目集	牛若丸、官人	
				芝居賑　橋弁慶・唐相撲		
	11・01	11・25	歌舞伎座	助六曲輪菊	花川戸助六	吉例顔見世大歌舞伎
	12・02	12・26	国立劇場大劇場	隅田川続俤　法界坊	法界坊、野分姫の霊、法界坊の霊	第一五七回十二月歌舞伎公演
平成02 一九九〇	01・02	01・26	歌舞伎座	与話情浮名横櫛　源氏店	与三郎	壽初春大歌舞伎
	01・03	01・28	国立劇場大劇場	矢の根	曽我十郎	第一五八回一月歌舞伎公演
	02・01	02・25	歌舞伎座	菅原伝授手習鑑　車引	桜丸	二月大歌舞伎
				三人吉三巴白浪	お嬢吉三	
	04・14	04・24	金丸座	与話情浮名横櫛　見染・源氏店	与三郎	第六回四国こんぴら歌舞伎大芝居
				弁天娘女男白浪　浜松屋・勢揃	弁天小僧菊之助	
	04・26		国立文楽劇場	夕立	小猿七之助	扇流加奈目会二十周年公演
	04・29		国際花と緑の博覧会メインホール'90	花鳥風月祭	（立方）	国際花と緑の博覧会
	05・02	05・27	歌舞伎座	傾城反魂香	おとく	團菊祭五月大歌舞伎、六代目尾上松助襲名披露
				曽我綉俠御所染　御所五郎蔵	子分梶原平蔵	
				六代目尾上松助襲名披露口上		
				芝浜革財布	魚屋政五郎	

年	初日	千穐楽	劇場	演目	役名	公演名
	06・14	07・05	海外公演	鷺娘 身替座禅	鷺娘 山蔭右京	東南アジア公演／シンガポール　カラングシアター、マニラ　カルチャーセンター・オブ・フィリピン、香港　沙田タウンホール、台北国家戯劇院〈計八回公演〉
	08・27	08・28	沖縄コンベンション劇場	口上 勧進帳	富樫左衛門	沖縄コンベンション劇場落成記念、松竹大歌舞伎
	09・01	09・25	歌舞伎座	伊勢音頭恋寝刃　油屋・奥庭 源平布引滝　実盛物語	今田万次郎 斎藤実盛	十一代目市川團十郎二十五年祭、九月大歌舞伎
	09・27		歌舞伎座	道行旅路の花聟	早野勘平	宗家藤間流襲名舞踊会
	10・05	10・27	国立劇場大劇場	加賀見山再岩藤　骨寄せの岩藤	鳥井又助、岩藤の亡霊	第一六一回十月歌舞伎公演
	10・27		国立劇場小劇場	忠信　静忠信初音道行	静御前	團蔵の会
	10・30	11・25	地方巡業	御目見得口上 新皿屋舗月雨暈　魚屋宗五郎	魚屋宗五郎	平成二年度文化庁移動芸術祭歌舞伎公演
	11・30	12・25	京都祇園甲部歌舞練場	鷺娘 鳥辺山心中 与話情浮名横櫛　源氏店	鷺娘 菊地半九郎 与三郎	京の年中行事、當る未歳吉例顔見世興行、東西合同大歌舞伎
平成03 一九九一	01・02	01・26	歌舞伎座	雪暮夜入谷畦道 仮名手本忠臣蔵　道行旅路の嫁入 新皿屋舗月雨暈　魚屋宗五郎	三千歳 小浪 魚屋宗五郎	壽初春大歌舞伎
	01・27		歌舞伎座	七福神	（立方）	七代目芳村伊十郎追善、芳村伊四郎派長唄演奏会
	01・29		歌舞伎座	お祭り	（立方）	七世清元延寿太夫襲名披露演奏会

開始	終了	劇場	演目	役	備考
02・02	02・26	歌舞伎座	仮名手本忠臣蔵　大序・三段目・道行旅路の花聟・五段目・六段目	桃井若狭之助【大序・三段目】、早野勘平【道行・五段目・六段目】	尾上菊五郎劇団、二月大歌舞伎、中村雀右衛門・市川團十郎・坂東玉三郎参加
02・27		リリア・メインホール	口上 身替座禅	 山蔭右京	歌舞伎舞踊特別公演
03・16		国立劇場小劇場	松の緑	（立方）	流祖二百四十年、杵巳流長唄会
03・20		熊本県立劇場演劇ホール	口上 身替座禅	 山蔭右京	全日空特別公演大歌舞伎、全日空・熊本空港就航三十周年
03・26		新橋演舞場	色彩間苅豆　かさね	与右衛門	尾上菊乃里の会
04・05	04・23	国立劇場大劇場	南総里見八犬伝 初霞空住吉　かっぽれ	犬塚信乃 菊坊主	第一六六回四月歌舞伎公演
04・28	04・29	京都北花山大峰	勧進帳	富樫左衛門	阿含宗本山総本殿釈迦山大菩提寺落慶法要
05・02	05・27	歌舞伎座	寿曽我対面 二代目尾上辰之助襲名披露口上 勧進帳 権三と助十	曽我十郎 富樫左衛門 権三	團菊祭五月大歌舞伎、二代目尾上辰之助襲名披露
06・04	06・28	新橋演舞場	お祭り 摂州合邦辻　合邦庵室	鳶頭幸吉 玉手御前	六月大歌舞伎、新橋演舞場新装開場十周年記念
07・03	07・17	地方巡業	義経千本桜　すし屋	いがみの権太	松竹大歌舞伎
07・18	07・28	地方巡業	義経千本桜　すし屋	いがみの権太	平成三年度文化庁青少年芸術劇場
09・28		新橋演舞場	二人椀久	椀久	若柳与志之助舞踊会
10・01	10・25	御園座	道行旅路の花聟　落人 平家女護島　俊寛	早野勘平 丹左衛門基康	東西合同大歌舞伎、第二十七回吉例顔見世、三代目中村鴈治郎襲名披露

年	初日	千秋楽	劇場	演目	役	備考
				三代目中村鴈治郎襲名披露口上		
				曽我綉俠御所染　御所五郎蔵	御所五郎蔵	
	11・01	11・25	歌舞伎座	伽羅先代萩　御殿・床下	乳人政岡	吉例顔見世大歌舞伎
	11・04		三越劇場	寿丹頂千歳　御祝儀曲	（立方）	三越第四十二回富士松鶴千代リサイタル二十周年記念公演、富士松鶴千代の世界
	12・03	12・25	国立劇場大劇場	義経千本桜　椎の木・すし屋・河連法眼館・奥庭	いがみの権太【椎の木・すし屋】、佐藤忠信、源九郎狐【河連法眼館・奥庭】	第一七〇回十二月歌舞伎公演、国立劇場開場二十五周年記念公演
平成04 一九九二	01・02	01・26	歌舞伎座	京鹿子娘道成寺	白拍子花子	壽初春大歌舞伎
	02・03	02・27	歌舞伎座	青砥稿花紅彩画　白浪五人男	弁天小僧菊之助	河竹黙阿弥歿後百年記念、黙阿弥祭二月大歌舞伎
				紅葉狩	平維茂	
				慶安太平記　丸橋忠弥	松平伊豆守	
				曽我綉俠御所染　御所五郎蔵	御所五郎蔵	
	03・18	03・19	沖縄コンベンション劇場	身替座禅	山蔭右京	復帰二十周年記念全日空特別公演大歌舞伎
	03・27		新橋演舞場	松竹梅	（立方）	尾上菊之丞主宰、尾上会
	03・28		歌舞伎座	四季　春・雛まつり	五人囃子	第二十七回俳優祭
				裏表芝居賑	頭取菊	演出を担当
	04・04	04・25	国立劇場大劇場	盟三五大切	笹野屋三五郎	第一七二回四月歌舞伎公演、国立劇場新装開場公演
	05・03	05・27	歌舞伎座	坂崎出羽と千姫	千姫	團菊祭五月大歌舞伎
				皐月闇宇都谷峠	提婆の仁三、座頭文弥、文弥の亡霊	河竹黙阿弥歿後百年記念
	05・29		国立文楽劇場	落人	勘平	第十回扇流舞踊加奈目会

年	初日	千秋楽	劇場	演目	役名	備考
	06・01	06・25	南座	お富与三郎　恋しぐれ	与三郎	新装開場記念、松竹名作公演
	07・04	07・25	国立劇場大劇場	新皿屋舗月雨暈　魚屋宗五郎	魚屋宗五郎	第四一回歌舞伎鑑賞教室
	09・27		歌舞伎座	六歌仙容彩　喜撰	喜撰法師	二世藤間勘祖追善舞踊会
	10・01	10・25	歌舞伎座	菊	禿、町娘、御守殿、村娘	藝術祭十月大歌舞伎
				少将滋幹の母	平中兵衛佐平定文	
				花街模様薊色縫　十六夜清心	清心	河竹黙阿弥歿後百年記念
	11・01	11・25	歌舞伎座	新薄雪物語	園部左衛門	吉例顔見世大歌舞伎
				京鹿子娘三人道成寺	白拍子桜子	音羽屋三代にて相勤め申し候
	11・29	12・26	南座	新皿屋舗月雨暈　魚屋宗五郎	魚屋宗五郎	當る酉歳吉例顔見世興行、京の年中行事、東西合同大歌舞伎／河竹黙阿弥歿後百年記念
				藤娘	藤娘	
	12・25		TBS	ねずみ小僧次郎吉［TV］	鼠小僧次郎吉	年末時代劇スペシャル
平成05 一九九三	01・03	01・26	国立劇場大劇場	源平布引滝　実盛物語	斎藤実盛	第一七七回一月歌舞伎公演
				人情噺文七元結	角海老女将お駒	
	01・10	06・13	NHK	琉球の風（全二十三回）［TV］	尚永王	大河ドラマ
	02・01	02・25	歌舞伎座	新皿屋舗月雨暈　魚屋宗五郎	魚屋宗五郎	二月大歌舞伎
				神明恵和合取組　め組の喧嘩	め組辰五郎	
	02・26		明治座	寿式三番叟	三番叟	新装開場式／第二部
	03・05	03・27	国立劇場大劇場	鼠小紋春着雛形　鼠小僧次郎吉	稲葉幸蔵	第一七八回三月歌舞伎公演／河竹黙阿弥没後百年
	03・27		歌舞伎座	雪月花の内　桜の宿	（立方）	第二百回記念、上原信昭名披露目、真磨琴会
	03・30		歌舞伎座	正札附根元草摺	舞鶴	六世藤間勘右衛門襲名披露、五世藤間勘右衛門追善、藤間流大会

開始	終了	劇場	演目	役	備考
04・01	04・25	明治座	春興鏡獅子	弥生後に獅子の精	明治座新築完成記念柿葺落公演、四月大歌舞伎
			一谷嫩軍記　熊谷陣屋	源義経	
			新装開場披露口上		
05・03	05・27	歌舞伎座	弁天娘女男白浪　浜松屋・勢揃	弁天小僧菊之助	團菊祭五月大歌舞伎
			燈台鬼	石根の妻衣子	
			吉原雀	鳥売りの男	
			三人吉三巴白浪	お嬢吉三	
06・03	06・27	新橋演舞場	田舎源氏露東雲	足利次郎光氏	六月大歌舞伎、'93年国際演劇月参加作品／五世清元延寿太夫五十回忌追善
			権三と助十	権三	
			お艶殺し	芹沢	
			土蜘	僧智籌実は土蜘の精	
06・27		歌舞伎座	翁千歳三番叟	翁	九世望月太左衛門追善囃子演奏会
07・07	07・23	地方巡業	身替座禅	山蔭右京	松竹名作歌舞伎舞踊
10・01	10・25	御園座	神明恵和合取組　め組の喧嘩	め組辰五郎	第二十九回吉例顔見世、二代目尾上辰之助・六代目尾上松助襲名披露
			土蜘	僧智籌実は土蜘の精	
			助六由縁江戸桜	白酒売新兵衛実は曽我十郎	
10・29		新橋演舞場	保名	（立方）	五世清元延寿太夫・六世清元延寿太夫追善、延寿會
11・01	11・25	南座	花街模様薊色縫　十六夜清心	清心	當る戌歳吉例顔見世興行、京の年中行事、東西合同大歌舞伎、平安建都一二〇〇年記念
			曽根崎心中	平野屋徳兵衛	宇野信夫三回忌追慕
11・27		歌舞伎座	廓文章	夕霧	流祖西川扇藏三百年祭、西川均改メ五代目西川箕乃助襲名披露、西川会

年	初日	千秋楽	劇場	演目	役名	備考
	12・03	12・26	国立劇場大劇場	鬼一法眼三略巻　菊畑 酔菩提悟道野晒　野晒悟助	奴智恵内実は吉岡鬼三太 野晒悟助	第一八三回十二月歌舞伎公演
平成06 一九九四	01・02	01・26	歌舞伎座	新版歌祭文　野崎村 弥栄芝居賑　猿若座芝居前 人情噺小判一両	お光(11～26日) 女伊達音羽のお菊 笊屋安七	猿若祭初春大歌舞伎／尾上梅幸休演による代役 十七代目中村勘三郎七回忌追善
	02・02	02・26	歌舞伎座	身替座禅 盲長屋梅加賀鳶 本朝廿四孝　十種香 江戸女草紙　出刃打お玉	山蔭右京 加賀鳶日蔭町松蔵 武田勝頼 出刃打お玉	二月大歌舞伎／九代目常磐津文字太夫襲名披露
	04・02	04・24	国立劇場大劇場	暗闇の丑松	丑松	第一八六回四月歌舞伎公演
	05・01	05・25	歌舞伎座	梅雨小袖昔八丈　髪結新三 男女道成寺	髪結新三 白拍子桜子実は狂言師左近	團菊祭五月大歌舞伎
	05・26		歌舞伎座	双六 浪底滑稽親睦会	(立方) クラブ竜宮城小ママヒー子	第二十八回俳優祭／舞踊二題 監修・演出を担当
	05・29		国立文楽劇場	かさね	与右衛門	扇流家元襲名十周年加奈目会公演
	06・27		歌舞伎座	七福神 口上	(立方)	十代目望月太左衛門追善、襲名披露演奏会
	06・30	07・25	地方巡業	芝浜革財布	魚屋政五郎	松竹大歌舞伎／七月二十二日より二十四日は平成六年度文化庁青少年芸術劇場
	07・27	07・28	北野文芸座	寿式三番叟 芝浜革財布	三番叟 魚屋政五郎	北野文芸座柿落とし歌舞伎公演

年	開始	終了	劇場	演目	役	公演
	07・30		南座	松の翁	（立方）	尾上菊之丞主宰、尾上会
	10・05	10・28	国立劇場大劇場	男達ばやり 素襖落	朝日奈三郎兵衛 太郎冠者	第一八八回十月歌舞伎公演
	10・30	11・18	地方巡業	お目見得口上 土蜘	僧智籌実は土蜘の精	平成六年度文化庁移動芸術祭歌舞伎公演
	11・19	11・23	地方巡業	お目見得口上 土蜘	僧智籌実は土蜘の精	歌舞伎
	12・02	12・26	歌舞伎座	菅原伝授手習鑑　寺子屋 芝浜革財布	千代 魚屋政五郎	十二月大歌舞伎
平成07 一九九五	01・02	01・27	歌舞伎座	寿曽我対面 弁天娘女男白浪　浜松屋・勢揃 毛抜	曽我十郎 弁天小僧菊之助 勅使桜町中将	松竹百年記念、壽初春大歌舞伎
	02・01	02・25	歌舞伎座	仮名手本忠臣蔵　大序・三段目・四段目・五段目・六段目	塩冶判官【大序・三段目・四段目】、早野勘平【五段目・六段目】	松竹百年記念、二月大歌舞伎
	02・27		NHKホール	保名	安倍保名	第二十一回NHK古典芸能鑑賞会、人間国宝の至芸／第二夜
	03・05	03・27	国立劇場大劇場	碁太平記白石噺　新吉原揚屋 次郎吉懺悔	信夫 鼠小僧次郎吉	第一九二回三月歌舞伎公演
	04・02	04・24	国立劇場大劇場	法懸松成田利剣　かさね・与右衛門	かさね、神田川の与吉	第一九三回四月歌舞伎公演
	05・03	05・27	歌舞伎座	義経千本桜　吉野山・河連法眼館	佐藤忠信、源九郎狐	松竹百年記念、二代目尾上松緑七回忌追善、團菊祭五月大歌舞伎
	05・28		歌舞伎座	勢獅子	鳶頭	第二十九回俳優祭、祝・松竹百年記念

年	開始	終了	劇場	演目	役	備考
	06・01	06・25	明治座	花街模様薊色縫　十六夜清心	清心	六月大歌舞伎
				京鹿子娘道成寺	白拍子花子	
	07・02	07・27	歌舞伎座	勧進帳	富樫左衛門	松竹百年記念、初代市川猿翁・三代目市川段四郎三十三回忌追善、市川猿之助七月大歌舞伎、歌舞伎座連続二十五年
	07・28	07・30	北野文芸座	身替座禅	山蔭右京	北野文芸座・吉例歌舞伎公演、善光寺歌舞伎'95
	07・30		歌舞伎座	江戸風流	（立方）	深水流創流十周年記念、第六回深水流舞踊の会
	10・01	10・25	御園座	身替座禅	山蔭右京	御園座創立百周年記念、第三十一回吉例顔見世、五代目中村翫雀・三代目中村扇雀襲名披露、中村壱太郎初舞台
				祇園祭礼信仰記　金閣寺	此下東吉	
				五代目中村翫雀・三代目中村扇雀襲名披露、中村壱太郎初舞台口上		
				勧進帳	富樫左衛門	
	10・16		御園座	御園百年華伎競	クラブみその姫ママ	御園座創立百周年記念、俳優まつり、阪神・淡路大震災義援金・日本骨髄バンク援助資金募集／監修・演出を担当
	11・01	11・25	歌舞伎座	倭仮名在原系図　蘭平物狂	与茂作実は大江音人	松竹百年記念、吉例顔見世大歌舞伎、島田正吾特別参加／坂東巳之助初舞台
				人情噺文七元結	左官長兵衛	
	11・01	11・26	新橋演舞場	二代目水谷八重子襲名披露口上		松竹百年記念、二代目水谷八重子襲名披露、十一月新派特別公演、市川團十郎・尾上菊五郎・山田五十鈴特別参加、市川新之助・寺島しのぶ・中山仁参加／八重子十種の内
				風流深川唄	長蔵	
	12・03	12・26	国立劇場大劇場	梅照葉錦伊達織　裏表先代萩	下男小助、乳人政岡、仁木弾正	第一九六回十二月歌舞伎公演
平成08	01・02	01・26	歌舞伎座	道行旅路の花聟　落人	腰元おかる	壽初春大歌舞伎

年	開始	終了	劇場	演目	役	備考
一九九六	02・01	02・25	歌舞伎座	女伊達	女伊達木崎のお秀	二月大歌舞伎
				一谷嫩軍記　熊谷陣屋	源義経	
				三人吉三巴白浪	お嬢吉三	
				達陀	僧集慶	
	02・29		NHKホール	本朝廿四孝　十種香	武田勝頼	第二十二回NHK古典芸能鑑賞会
	04・08	04・25	金丸座	義経千本桜　すし屋	いがみの権太	第十二回四国こんぴら歌舞伎大芝居
				一谷嫩軍記　熊谷陣屋	源義経	
	05・03	05・27	歌舞伎座	鎌倉三代記　絹川村閑居	三浦之助	團菊祭五月大歌舞伎、五代目尾上菊之助襲名披露
				弁天娘女男白浪　浜松屋	鳶頭清次	
				神明恵和合取組　め組の喧嘩	め組辰五郎	
	06・02	06・26	歌舞伎座	延命院日當	延命院日當	六月大歌舞伎、'96国際演劇月参加
				ひらかな盛衰記　逆櫓	お筆	
	06・29	07・24	地方巡業	人情噺文七元結	左官長兵衛	松竹大歌舞伎、七月二十二日より二十四日は文化庁青少年芸術劇場
	07・27	07・28	北野文芸座	人情噺文七元結	左官長兵衛	北野文芸座・吉例歌舞伎公演、善光寺歌舞伎'96
	08・25		国立劇場大劇場	鴛鴦襖恋睦	河津三郎・雄鳥の精	宗家藤間流、二世藤間勘祖を偲ぶ会／特別追悼番組
	10・01	10・25	御園座	二人道成寺	白拍子花子	御園座開場百年、第三十二回吉例顔見世、五代目尾上菊之助襲名披露
				義経千本桜　すし屋	いがみの権太	
				五代目尾上菊之助襲名披露口上		
	11・01	11・25	南座	三人吉三巴白浪　大川端	お坊吉三	當る丑歳吉例顔見世興行、京の年中行事、東西合同大歌舞伎、五代目尾上菊之助襲名披露
				梶原平三誉石切	梶原平三	
				弁天娘女男白浪　浜松屋	鳶頭清次	

年	初日	千穐楽	劇場	演目	役	備考
	12・03	12・26	国立劇場大劇場	人情噺文七元結	左官長兵衛	第二〇一回十二月歌舞伎公演、国立劇場開場三十周年記念公演
				妹背山婦女庭訓　芝六住家	猟師芝六実は玄上太郎利綱	
平成09 一九九七	01・02	01・26	歌舞伎座	身替座禅	山蔭右京	壽初春大歌舞伎
				青海波	大臣	清元志寿太夫百寿を祝って
	02・01	02・25	歌舞伎座	勧進帳	源義経	二月大歌舞伎、七世尾上梅幸三回忌追善
				仮名手本忠臣蔵　九段目	戸無瀬	
				保名	安倍保名	
	02・27		NHKホール	与話情浮名横櫛　見染・源氏店	与三郎	第二十三回NHK古典芸能鑑賞会
	04・02	04・27	大阪松竹座	勧進帳	富樫左衛門	松竹座新築開場記念柿葺落公演、四月大歌舞伎
				弁天娘女男白浪	弁天小僧菊之助	
	05・03	05・27	歌舞伎座	四千両小判梅葉	野州無宿入墨富蔵	團菊祭五月大歌舞伎
				松廼壽翁三番叟	千歳	河東節開曲二百八十年記念
				軒端の蝙蝠	蝙蝠の清吉	
	05・28		歌舞伎座	白雪姫	鏡の精	第三十回記念俳優祭／作・演出を担当
	06・02	06・26	歌舞伎座	新薄雪物語	奴妻平、葛城民部	六月大歌舞伎、’97国際演劇月参加
				彦市ばなし	彦市	
	07・04	07・22	国立劇場大劇場	外郎売	工藤祐経	第五一回歌舞伎鑑賞教室
	10・04	10・27	国立劇場大劇場	黄門記童幼講釈	河童の吉蔵、藤井紋太夫	第二〇四回十月歌舞伎公演
	11・01	11・25	歌舞伎座	花街模様薊色縫　十六夜清心	清心	吉例顔見世大歌舞伎、七代目坂東三津五郎三十七回忌・八代目坂東三津五郎二十三回忌追善
				勧進帳	富樫左衛門	
				芝浜革財布	魚屋政五郎	

年	初日	千穐楽	劇場	演目	役名	備考
	11・30	12・26	南座	勧進帳	富樫左衛門	當る寅歳吉例顔見世興行、京の年中行事、東西合同大歌舞伎
				京鹿子娘道成寺	白拍子花子	
平成10 一九九八	01・02	01・26	歌舞伎座	京鹿子娘道成寺	白拍子花子	十五代目片岡仁左衛門襲名披露、壽初春大歌舞伎
				十五代目片岡仁左衛門襲名披露口上		
	02・01	02・26	歌舞伎座	菅原伝授手習鑑　寺子屋	戸浪	
				女暫	巴御前実は芸者音菊	十五代目片岡仁左衛門襲名披露、二月大歌舞伎
				一谷嫩軍記　熊谷陣屋	源義経(19～24日)	市川團十郎休演による代役
				十五代目片岡仁左衛門襲名披露口上		
				助六曲輪初花桜	白酒売新兵衛実は曽我十郎	
	03・02	03・26	歌舞伎座	仮名手本忠臣蔵　道行旅路の花聟・五段目・六段目・十一段目	早野勘平【道行・五段目・六段目】、服部逸郎【十一段目】	三月大歌舞伎、泉岳寺赤穂義士三百年記念事業協賛、上演二百五十年記念
	04・02	04・26	大阪松竹座	菅原伝授手習鑑　寺子屋	戸浪	十五代目片岡仁左衛門襲名披露、四月大歌舞伎
				十五代目片岡仁左衛門襲名披露口上		
				身替座禅	山蔭右京	
	05・03	05・27	歌舞伎座	素襖落	大名某	團菊祭五月大歌舞伎
				酔菩提悟道野晒　野晒悟助	野晒悟助	三代目河原崎権十郎追悼
				船弁慶	静御前、新中納言平知盛の霊	
				江戸育お祭佐七	鳶頭勘右衛門	三代目河原崎権十郎追悼

年	初日	千秋楽	劇場	演目	役	公演名
	07・02	07・26	大阪松竹座	近江のお兼	お兼	関西・歌舞伎を愛する会第七回、七月大歌舞伎、二代目尾上辰之助・五代目尾上菊之助襲名披露
				二代目尾上辰之助・五代目尾上菊之助襲名披露口上		
				弁天娘女男白浪　浜松屋	鳶頭清次	
				権三と助十	権三	
	07・30		新橋演舞場	異聞鉢の木	北條時頼	尾上流五十周年記念舞踊会
	08・27	08・29	歌舞伎座	鶴賀松千歳泰平　上意討ち	浅井帯刀	平成十年成田山開基一〇六〇年・開山寛朝大僧正一〇〇〇年御遠忌紀念歌舞伎公演
	10・01	10・25	御園座	義経千本桜　吉野山	忠信実は源九郎狐	第三十四回吉例顔見世、十五代目片岡仁左衛門襲名披露
				十五代目片岡仁左衛門襲名披露口上		
	11・01	11・25	歌舞伎座	助六曲輪初花桜	白酒売新兵衛実は曽我十郎	吉例顔見世大歌舞伎
				妹背山婦女庭訓　三笠山御殿	烏帽子折求女実は藤原淡海	
				暗闇の丑松	丑松	
	11・27		歌舞伎座	吉原雀	（立方）	延寿會
	12・03	12・24	国立劇場大劇場	沓手鳥孤城落月	氏家内膳	第二一一回十二月歌舞伎公演／早稲田大学坪内博士記念演劇博物館創立七十周年記念
				雪暮夜入谷畦道　直侍と三千歳	片岡直次郎	
平成11 一九九九	01・02	01・26	歌舞伎座	曽我綉俠御所染　御所五郎蔵	御所五郎蔵	寿初春大歌舞伎
				積恋雪関扉	良峯少将宗貞	
	02・01	02・25	大阪松竹座	達陀	僧集慶	二月大歌舞伎
				人情噺文七元結	左官長兵衛	
				隅田川続俤　法界坊	法界坊、野分姫の霊、法界坊の霊	

開始	終了	劇場	演目	役	備考
03・02	03・26	歌舞伎座	吉原雀 ぢいさんばあさん 本朝廿四孝　十種香	鳥売りの男 伊織妻るん 武田勝頼	三月大歌舞伎 中村雀右衛門一世一代にて相勤め申し候
03・27		歌舞伎座	鞍馬獅子	卿の君	藤間流大会
04・01	04・25	御園座	新皿屋舗月雨暈　魚屋宗五郎 義経千本桜　河連法眼館	魚屋宗五郎 佐藤忠信、源九郎狐	陽春大歌舞伎
05・02	05・26	歌舞伎座	土蜘 梅雨小袖昔八丈　髪結新三 人情噺文七元結	源頼光 髪結新三 左官長兵衛	六代目尾上菊五郎五十回忌追善、團菊祭五月大歌舞伎
05・30		博多座	寿式三番叟	千歳	博多座開き
06・03	06・27	博多座	勧進帳 与話情浮名横櫛　見染・源氏店 弁天娘女男白浪　浜松屋・勢揃	富樫左衛門 与三郎 弁天小僧菊之助	開場披露柿葺落大歌舞伎
07・01	07・30	地方巡業	一條大蔵譚　檜垣・奥殿	一條大蔵卿	公文協中央コース、松竹大歌舞伎／七月二十七日より二十九日は平成十一年度文化庁芸術体験劇場
09・27	09・28	藤沢市民会館	身替座禅	山蔭右京	江の島大歌舞伎
10・03	10・27	国立劇場大劇場	音菊天竺徳兵衛	天竺徳兵衛実は大日丸、座頭徳市	第二一五回十月歌舞伎公演
11・01	11・25	歌舞伎座	伽羅先代萩　竹の間・御殿 倭仮名在原系図　蘭平物狂	乳人政岡 在原行平	吉例顔見世大歌舞伎 初代尾上辰之助十三回忌追善狂言、立師坂東八重之助十三回忌追善
11・30	12・26	南座	曽我綉侠御所染　御所五郎蔵 新皿屋舗月雨暈　魚屋宗五郎	御所五郎蔵 魚屋宗五郎	當る辰歳吉例顔見世興行、京の年中行事、東西合同大歌舞伎、南座発祥三百八十年記念

年	初日	千穐楽	劇場	演目	役	公演名
				石橋	寂昭法師	
平成12 二〇〇〇	01・02	01・27	新橋演舞場	勧進帳	富樫左衛門	二〇〇〇年新橋演舞場、寿新春大歌舞伎
				弁天娘女男白浪　浜松屋	鳶頭清次	
				身替座禅	山蔭右京	
	01・28		歌舞伎座	老松	（立方）	二千年の心に響く、望月朴清囃子の会
	01・29		国立劇場大劇場	幻椀久	椀久	藤間友章追善舞踊公演
	02・02	02・26	歌舞伎座	三人吉三巴白浪	お嬢吉三	二月大歌舞伎
				一谷嫩軍記　熊谷陣屋	源義経	
	02・27		新橋演舞場	松の翁	（立方）	七代目芳村伊十郎二十七回忌追善、長唄演奏会
	03・02	03・26	歌舞伎座	雪暮夜入谷畦道	片岡直次郎	三月大歌舞伎
				菅原伝授手習鑑　車引・賀の祝	桜丸	
	03・27		歌舞伎座	鯛多二九波濤泡　タイタニック	顔黒山姥	第三十一回俳優祭、二〇〇〇年記念
	04・09	04・23	金丸座	義経千本桜　河連法眼館	佐藤忠信、源九郎狐	第十六回四国こんぴら歌舞伎大芝居
	05・03	05・27	歌舞伎座	仮名手本忠臣蔵　五段目・六段目	早野勘平	團菊祭五月大歌舞伎
				源氏物語	右大臣	
				望月	安田荘司妻白菊	九代目坂東三津五郎一周忌追善狂言
				都鳥廓白浪	傾城花子実は天狗 小僧霧太郎実は吉田松若丸	
	06・29	07・31	地方巡業	身替座禅	山蔭右京	公文協東コース、松竹大歌舞伎
	09・27		国立劇場大劇場	娘七種	十郎	宗家藤間流、故二世藤間勘祖生誕百年記念舞踊会
	10・01	10・25	御園座	ぢいさんばあさん	伊織妻るん	第三十六回吉例顔見世

年	初日	千穐楽	劇場	演目	役名	備考
	11・01	11・25	歌舞伎座	菅原伝授手習鑑　寺子屋 人情噺文七元結 鴛鴦襖恋睦	千代 左官長兵衛 河津三郎・雄鴛鴦の精	吉例顔見世大歌舞伎
	12・03	12・26	国立劇場大劇場	沓手鳥孤城落月 眠駱駝物語　らくだ 富岡恋山開　二人新兵衛 素襖落	氏家内膳 紙屑買久六 玉屋新兵衛 大名某	文化財保護法五十年記念、第二二二回十二月歌舞伎公演
平成13 二〇〇一	01・02	01・26	歌舞伎座	寿式三番叟 曽我綉俠御所染　御所五郎蔵 十代目坂東三津五郎襲名披露口上 寿曽我対面	千歳 御所五郎蔵 曽我十郎	十代目坂東三津五郎襲名披露、寿初春大歌舞伎
	02・01	02・25	歌舞伎座	花街模様薊色縫　十六夜清心 十代目坂東三津五郎襲名披露口上	清心	十代目坂東三津五郎襲名披露、二月大歌舞伎
	03・02	03・26	新橋演舞場	神明恵和合取組　め組の喧嘩 仮名手本忠臣蔵　大序・三段目・四段目・五段目・六段目	焚出し喜三郎 塩冶判官【大序・三段目・四段目】、早野勘平【五段目・六段目】	七世尾上梅幸七回忌、二世尾上松緑十三回忌追善、尾上菊五郎劇団三月大歌舞伎／忠臣蔵三百年
	04・01	04・25	大阪松竹座	二人道成寺 菅原伝授手習鑑　寺子屋 十代目坂東三津五郎襲名披露口上 六歌仙容彩　喜撰	白拍子花子 千代 祇園のお梶	十代目坂東三津五郎襲名披露、四月大歌舞伎

年	初日	千穐楽	劇場	演目	役	備考
	05・03	05・27	歌舞伎座	源氏物語　須磨の巻・明石の巻・京の巻	朱雀帝	團菊祭五月大歌舞伎
				摂州合邦辻　合邦庵室	玉手御前	
				伊勢音頭恋寝刃　油屋	仲居万野	
	06・02	06・26	歌舞伎座	天一坊大岡政談	天一坊実は法澤、池田大助	六月大歌舞伎
				義経腰越状　五斗三番叟	源義経	
	07・03	07・26	国立劇場大劇場	人情噺文七元結	左官長兵衛	第五九回歌舞伎鑑賞教室
	10・01	10・25	御園座	一谷嫩軍記　熊谷陣屋	源義経	第三十七回吉例顔見世、十代目坂東三津五郎襲名披露
				十代目坂東三津五郎襲名披露口上		
	11・01	11・25	歌舞伎座	与話情浮名横櫛　見染・源氏店	与三郎	吉例顔見世大歌舞伎
				鬼一法眼三略巻　菊畑	奴虎蔵実は源牛若丸	
				良弁杉由来　二月堂	良弁大僧正	
	11・30	12・26	南座	ぢいさんばあさん	伊織妻るん	當る午歳吉例顔見世興行、京の年中行事、東西合同大歌舞伎、十代目坂東三津五郎襲名披露
				積恋雪関扉	傾城墨染実は小町桜の精	
				菅原伝授手習鑑　寺子屋	千代	
				十代目坂東三津五郎襲名披露口上		
平成14 二〇〇二	01・03	01・27	国立劇場大劇場	小春穏沖津白浪　小狐礼三	小狐礼三	第二二八回一月歌舞伎公演、国立劇場開場三十五周年記念
	02・01	02・25	博多座	人情噺文七元結	左官長兵衛	十代目坂東三津五郎襲名披露、二月博多座大歌舞伎
				良弁杉由来　二月堂	良弁大僧正	

初日	千穐楽	劇場	演目	役名	備考
03・03	03・27	新橋演舞場	十代目坂東三津五郎襲名披露口上		三月公演
			神明恵和合取組　め組の喧嘩	焚出し喜三郎	
			疾風のごとく	安川左右助	
04・28		歌舞伎座	新版歌祭文　野崎村	後家お節	第三十二回俳優祭
05・03	05・27	歌舞伎座	銘作左小刀　京人形	左甚五郎	四代目尾上松緑襲名披露、五月大歌舞伎
			四代目尾上松緑襲名披露口上		
			勧進帳	富樫左衛門	
06・02	06・26	歌舞伎座	倭仮名在原系図　蘭平物狂	与茂作実は大江音人	四代目尾上松緑襲名披露、六月大歌舞伎／十日まで休演
			四代目尾上松緑襲名披露口上		
			新皿屋舗月雨暈　魚屋宗五郎	魚屋宗五郎	
07・04	07・28	大阪松竹座	鳥辺山心中	坂田市之助	四代目尾上松緑襲名披露、七月大歌舞伎、関西・歌舞伎を愛する会第十一回
			吉原雀	鳥売りの男	
			四代目尾上松緑襲名披露口上		
			眠駱駝物語　らくだ	紙屑買久六	
09・26		歌舞伎座	寿式三番叟	翁（素踊り）	三世藤間勘祖襲名・八世宗家藤間勘十郎襲名、宗家藤間流藤間会、二世藤間勘祖十三回忌追善
10・01	10・25	御園座	寿曽我対面	曽我十郎	第三十八回吉例顔見世、四代目尾上松緑襲名披露
			銘作左小刀　京人形	左甚五郎	
			四代目尾上松緑襲名披露口上		
			芝浜革財布	魚屋政五郎	
11・01	11・25	歌舞伎座	新薄雪物語	園部兵衛	吉例顔見世大歌舞伎
			本朝廿四孝　十種香	武田勝頼	三代目中村雀右衛門七十五年祭追善狂言

年	初日	千穐楽	劇場	演目	役	備考
	11・30	12・26	南座	菅原伝授手習鑑　車引	桜丸	歌舞伎発祥四百年、當る未歳吉例顔見世興行、京の年中行事、東西合同大歌舞伎、四代目尾上松緑襲名披露
				達陀	僧集慶	東大寺大仏開眼千二百五十年
				四代目尾上松緑襲名披露口上		
				勧進帳	源義経	
平成15 二〇〇三	01・02	01・26	歌舞伎座	弁天娘女男白浪　浜松屋・勢揃	弁天小僧菊之助	歌舞伎四百年、寿初春大歌舞伎
				助六由縁江戸桜	白酒売新兵衛実は曽我十郎	
	02・01	02・25	歌舞伎座	義経千本桜　鳥居前・吉野山・河連法眼館	佐藤忠信、源九郎狐	歌舞伎四百年、二月大歌舞伎
	03・03	03・27	南座	保名	安倍保名	歌舞伎四百年、三月大歌舞伎
				松竹梅湯島掛額	紅屋長兵衛	
				源氏物語　須磨の巻・明石の巻・京の巻	朱雀帝	
	05・02	05・26	歌舞伎座	源平布引滝　実盛物語	斎藤実盛	歌舞伎四百年、九代目市川團十郎・五代目尾上菊五郎歿後百年、團菊祭五月大歌舞伎、四代目河原崎権十郎・六代目片岡市蔵・六代目市川男女蔵襲名披露
				四代目河原崎権十郎・六代目片岡市蔵・六代目市川男女蔵襲名披露口上		
				暫	加茂次郎義綱	五月二十二日天覧歌舞伎
				梅雨小袖昔八丈　髪結新三	髪結新三	
				初霞空住吉　かっぽれ	菊坊主	
	06・01	06・25	博多座	紅葉狩	更科姫実は戸隠山の鬼女	歌舞伎四百年、四代目尾上松緑襲名披露、六月博多座大歌舞伎
				四代目尾上松緑襲名披露口上		
				土蜘	源頼光	

年	初日	千穐楽	劇場	演目	役	公演
	06・29	07・31	地方巡業	義経千本桜　すし屋 四代目尾上松緑襲名披露口上	いがみの権太	歌舞伎四百年、公文協東コース、松竹大歌舞伎、四代目尾上松緑襲名披露
	10・01	10・25	歌舞伎座	盟三五大切 祇園祭礼信仰記　金閣寺	笹野屋三五郎 此下東吉	歌舞伎四百年、芸術祭十月大歌舞伎
	11・01	11・25	歌舞伎座	船弁慶 松竹梅湯島掛額 女伊達 うかれ坊主	静御前、新中納言平知盛の霊(19~21日) 紅屋長兵衛 女伊達木崎のお秀 願人坊主源八	歌舞伎四百年、吉例顔見世大歌舞伎／中村富十郎一世一代にて相勤め申し候／中村富十郎休演による代役
	12・03	12・26	国立劇場大劇場	二蓋笠柳生実記	柳生又十郎	第二三七回十二月歌舞伎公演
平成16 二〇〇四	01・02	01・26	歌舞伎座	芝浜革財布 鎌倉三代記　絹川村閑居	魚屋政五郎 三浦之助	當る申歳、壽初春大歌舞伎
	03・02	03・26	歌舞伎座	伽羅先代萩　竹の間・御殿 達陀	乳人政岡 僧集慶	三月大歌舞伎
	04・02	04・25	御園座	児雷也豪傑譚話	高砂勇美之助、お虎	陽春花形歌舞伎／演出を担当
	04・27		歌舞伎座	連鎖劇　奈落　歌舞伎座の怪人	尾上聞吾郎	第三十三回俳優祭
	05・01	05・25	歌舞伎座	紅葉狩 十一代目市川海老蔵襲名披露口上 勧進帳	更科姫実は戸隠山の鬼女 源義経	十一代目市川海老蔵襲名披露、五月大歌舞伎
	05・28		NHKホール	仮名手本忠臣蔵　五段目・六段目	早野勘平	第三十一回NHK古典芸能鑑賞会
	06・01	06・26	歌舞伎座	十一代目市川海老蔵襲名披露口上		十一代目市川海老蔵襲名披露、六月大歌舞伎

	07・03	07・28	大阪松竹座	義経千本桜　吉野山	忠信実は源九郎狐	十一代目市川海老蔵襲名披露、七月大歌舞伎、関西・歌舞伎を愛する会第十三回
				十一代目市川海老蔵襲名披露口上		
				与話情浮名横櫛　見染	鳶頭金五郎	
				弁天娘女男白浪　浜松屋・勢揃	弁天小僧菊之助	
	09・14		国立劇場大劇場	菊の宴	（立方）	尾上菊之丞襲名四十周年記念、尾上会
	10・02	10・26	歌舞伎座	都鳥廓白浪	傾城花子実は天狗小僧霧太郎実は吉田松若丸	芸術祭十月大歌舞伎
				雪暮夜入谷畦道	片岡直次郎	
	11・03	11・26	国立劇場大劇場	噂音菊柳澤騒動	柳澤吉保、出羽屋忠五郎、井伊直純、三間右近	第二四一回十一月歌舞伎公演
	11・30	12・26	南座	身替座禅	山蔭右京	當る酉歳吉例顔見世興行、京の年中行事、東西合同大歌舞伎、十一代目市川海老蔵襲名披露
				十一代目市川海老蔵襲名披露口上		
				助六由縁江戸桜	白酒売新兵衛実は曽我十郎	
平成17 二〇〇五	01・02	01・26	新橋演舞場	人情噺文七元結	左官長兵衛	松竹百十周年記念、寿新春大歌舞伎／二代目尾上右近襲名披露
				六歌仙容彩　喜撰	喜撰法師	
				曽我綉侠御所染　御所五郎蔵	甲屋与五郎	
	01・27		歌舞伎座	道行初音旅　吉野山	忠信実は源九郎狐	七回忌清元志寿太夫追善の会
	02・01	02・25	歌舞伎座	神楽諷雲井曲毬　どんつく	太神楽親方鶴太夫	二月大歌舞伎／九世坂東三津五郎七回忌追善
				ぢいさんばあさん	伊織妻るん	
	03・03	03・27	南座	児雷也豪傑譚話	高砂勇美之助、お虎	演出を担当

年	初日	千穐楽	劇場	演目	役	備考
	05・03	05・27	歌舞伎座	弥栄芝居賑　中村座芝居前 義経千本桜　河連法眼館	男伊達音羽の菊五郎 佐藤忠信、源九郎狐	松竹百十周年記念、十八代目中村勘三郎襲名披露、五月大歌舞伎
	06・02	06・26	博多座	六歌仙容彩　喜撰 十一代目市川海老蔵襲名披露口上	喜撰法師	十一代目市川海老蔵襲名披露、六月博多座大歌舞伎
	07・07	07・31	歌舞伎座	助六由縁江戸桜 NINAGAWA十二夜	白酒売新兵衛実は曽我十郎 捨助、丸尾坊太夫	七月大歌舞伎
	10・02	10・26	歌舞伎座	加賀見山旧錦絵 双蝶々曲輪日記　引窓	岩藤 南与兵衛後に南方十次兵衛	芸術祭十月大歌舞伎
	11・02	11・26	新橋演舞場	児雷也豪傑譚話	高砂勇美之助、お虎	演出を担当
	11・30	12・26	南座	銘作左小刀　京人形 坂田藤十郎襲名披露口上 本朝廿四孝　十種香	左甚五郎 武田勝頼	當る戌歳吉例顔見世興行、京の年中行事、東西合同大歌舞伎、松竹百十周年記念、坂田藤十郎襲名披露
平成18 二〇〇六	01・03	01・27	国立劇場大劇場	曽我梅菊念力弦	大工六三郎、新藤徳次郎	第二四八回一月歌舞伎公演
	02・02	02・26	歌舞伎座	極付幡随長兵衛 人情噺小判一両	水野十郎左衛門 笊屋安七	二月大歌舞伎
	04・01	04・25	歌舞伎座	関八州繋馬　小蜘蛛 六世中村歌右衛門五年祭追善口上	河内守源頼信	六世中村歌右衛門五年祭、四月大歌舞伎、六代目中村松江襲名披露、五代目中村玉太郎初舞台
	05・01	05・25	歌舞伎座	外郎売 権三と助十	工藤祐経 権三	團菊祭五月大歌舞伎

年	初日	千穐楽	劇場	演目	役	公演名
				黒手組曲輪達引	番頭権九郎、花川戸助六	
	06・02	06・26	歌舞伎座	江戸絵両国八景　荒川の佐吉	相模屋政五郎	六月大歌舞伎
				身替座禅	山蔭右京	
	06・28		国立劇場小劇場	むらさき物語	（立方）	五十周年記念、尾上菊見舞踊会
	07・02	07・26	大阪松竹座	坂田藤十郎襲名披露口上		坂田藤十郎襲名披露、七月大歌舞伎、関西・歌舞伎を愛する会第十五回
				夏祭浪花鑑　釣船三婦内	お辰	
				新皿屋舗月雨暈　魚屋宗五郎	魚屋宗五郎	
	10・01	10・25	御園座	近江源氏先陣館　盛綱陣屋	信楽太郎	第四十二回吉例顔見世、坂田藤十郎襲名披露
				坂田藤十郎襲名披露口上		
				梅雨小袖昔八丈　髪結新三	髪結新三	
	10・29		NHKホール	土蜘	僧智籌実は土蜘の精	第三十三回NHK古典芸能鑑賞会
	11・01	11・25	歌舞伎座	伽羅先代萩　竹の間・御殿	乳人政岡	吉例顔見世大歌舞伎
				雛助狂乱	秋田城之助	
	11・26		歌舞伎座	賤機帯	舟長	第十一回梅津貴昶の会
	12・02	12・26	歌舞伎座	芝浜革財布	魚屋政五郎	十二月大歌舞伎
				江戸女草紙　出刃打お玉	出刃打お玉	
平成19 二〇〇七	01・03	01・27	国立劇場大劇場	梅初春五十三驛	伊豆の百姓次郎吉実は鼠小僧次郎吉実は清水冠者義高、猫石の精霊、神主多中、小夜衣お七	第二五三回一月初春歌舞伎公演、国立劇場開場四十周年記念
	02・01	02・25	歌舞伎座	仮名手本忠臣蔵　大序・三段目・四段目・五段目・六段目	塩冶判官【大序・三段目・四段目】、早野勘平【五段目・六段目】	二月大歌舞伎

年	初日	千穐楽	劇場	演目	役	備考
	03・02	03・26	歌舞伎座	義経千本桜　鳥居前・吉野山・河連法眼館・奥庭	佐藤忠信、源九郎狐	三月大歌舞伎
	04・24	04・25	国際文化会館	勧進帳	富樫左衛門	国際文化会館松竹大歌舞伎、天覧歌舞伎百二十年記念
	05・01	05・25	歌舞伎座	勧進帳	富樫左衛門	團菊祭五月大歌舞伎／天覧歌舞伎百二十周年記念
				神明恵和合取組　め組の喧嘩	め組辰五郎	
	05・26		歌舞伎座	白雪姫	北千住観音	第三十四回俳優祭、社団法人日本俳優協会再建設立五十周年記念／作・演出を担当
	06・05	06・28	博多座	NINAGAWA十二夜	捨助、丸尾坊太夫	六月博多座大歌舞伎／二代目中村錦之助襲名披露
	07・07	07・29	歌舞伎座	NINAGAWA十二夜	捨助、丸尾坊太夫	七月大歌舞伎
	10・01	10・25	御園座	権三と助十	助十	第四十三回吉例顔見世
				達陀	僧集慶	
	11・01	11・25	歌舞伎座	曽我綉侠御所染　御所五郎蔵	甲屋与五郎	吉例顔見世大歌舞伎
				土蜘	僧智籌実は土蜘の精	
	11・30	12・26	南座	義経千本桜　すし屋	いがみの権太	當る子歳吉例顔見世興行、京の年中行事、東西合同大歌舞伎、二代目中村錦之助襲名披露
				寿曽我対面	曽我十郎	劇中にて襲名口上申し上げ候
平成20 二〇〇八	01・03	01・27	国立劇場大劇場	小町村芝居正月	大伴真鳥黒主、深草少将	第二五八回一月歌舞伎公演
	03・02	03・26	歌舞伎座	女伊達	女伊達木崎のお秀	歌舞伎座百二十年、三月大歌舞伎
				江戸育お祭佐七	佐七	
	05・02	05・26	歌舞伎座	極付幡随長兵衛	水野十郎左衛門	歌舞伎座百二十年、團菊祭五月大歌舞伎
				青砥稿花紅彩画　白浪五人男	弁天小僧菊之助	

年	初日	千穐楽	劇場	演目	役名	備考
	06・02	06・26	博多座	梅雨小袖昔八丈　髪結新三 達陀	髪結新三 僧集慶	六月博多座大歌舞伎
	07・05	07・29	大阪松竹座	伽羅先代萩　対決・刃傷 黒手組曲輪達引	細川勝元 番頭権九郎、花川戸助六	関西・歌舞伎を愛する会第十七回、七月大歌舞伎
	10・02	10・26	歌舞伎座	新皿屋舗月雨暈　魚屋宗五郎 雪暮夜入谷畦道	魚屋宗五郎 片岡直次郎	歌舞伎座百二十年、芸術祭十月大歌舞伎
	11・01	11・25	歌舞伎座	盟三五大切 船弁慶	笹野屋三五郎 静御前、新中納言平知盛の霊	歌舞伎座百二十年、吉例顔見世大歌舞伎／十一月十日スペイン王国ソフィア王妃ご観劇
	12・03	12・26	国立劇場大劇場	遠山桜天保日記	遠山金四郎・遠山左衛門尉景元、生田角太夫	第二六一回十二月歌舞伎公演／監修を担当
平成21 二〇〇九	01・03	01・27	歌舞伎座	花街模様薊色縫　十六夜清心 寿曽我対面	清心 曽我十郎	歌舞伎座さよなら公演、壽初春大歌舞伎
	02・01	02・25	歌舞伎座	人情噺文七元結 勧進帳	左官長兵衛 富樫左衛門	歌舞伎座さよなら公演、二月大歌舞伎
	02・20		国立劇場大劇場	七福神	(立方)	尾上会
	03・24	03・28	海外公演	NINAGAWA十二夜	捨助、丸尾坊太夫	2009年3月訪英歌舞伎／ロンドン・バービカンシアター〈計五回公演〉
	04・27		歌舞伎座	灰被姫　シンデレラ　賑木挽町戯場始	おくりびと	第三十五回俳優祭、さよなら歌舞伎座
	05・02	05・26	歌舞伎座	盲長屋梅加賀鳶 夕立	加賀鳶天神町梅吉、按摩竹垣道玄 小猿七之助	歌舞伎座さよなら公演、五月大歌舞伎

年	初日	千秋楽	劇場	演目	役名	備考
	06・07	06・28	新橋演舞場	NINAGAWA十二夜	捨助、丸尾坊太夫	新橋演舞場六月大歌舞伎
	07・05	07・27	大阪松竹座	NINAGAWA十二夜	捨助、丸尾坊太夫	大阪松竹座七月大歌舞伎、関西・歌舞伎を愛する会第十八回／千秋楽で上演二〇〇回を記録、特別カーテンコールあり
	10・01	10・25	歌舞伎座	音羽嶽だんまり 義経千本桜　吉野山・川連法眼館	音羽夜叉五郎 佐藤忠信、源九郎狐	歌舞伎座さよなら公演、芸術祭十月大歌舞伎／藤間大河初お目見得
	11・01	11・25	歌舞伎座	仮名手本忠臣蔵　道行旅路の花聟・五段目・六段目	早野勘平	歌舞伎座さよなら公演、吉例顔見世大歌舞伎
	11・30	12・26	南座	一條大蔵譚　檜垣・奥殿 土蜘	一條大蔵卿 僧智籌実は土蜘の精	當る寅歳吉例顔見世興行、京の年中行事、東西合同大歌舞伎
平成22 二〇一〇	01・03	01・27	国立劇場大劇場	旭輝黄金鯱	柿木金助	第二六七回一月歌舞伎公演、名古屋開府四〇〇年祭パートナーシップ事業／尾上菊五郎大凧宙乗りにて黄金の鯱盗り相勤め申し候／監修を担当
	03・02	03・28	歌舞伎座	楼門五三桐 弁天娘女男白浪　浜松屋・勢揃	真柴久吉 弁天小僧菊之助	歌舞伎座さよなら公演、御名残三月大歌舞伎
	04・02	04・28	歌舞伎座	三人吉三巴白浪　大川端 助六由縁江戸桜	お嬢吉三 白酒売新兵衛実は曽我十郎	歌舞伎座さよなら公演、御名残四月大歌舞伎
	04・30		歌舞伎座	都風流	（立方）	歌舞伎座閉場式
	05・04	05・28	大阪松竹座	勧進帳 梅雨小袖昔八丈　髪結新三	富樫左衛門 髪結新三	大阪松竹座團菊祭五月大歌舞伎
	07・01	07・31	地方巡業	一條大蔵譚　檜垣・奥殿	一條大蔵卿	公文協中央コース、松竹大歌舞伎
	10・02	10・26	御園座	旭輝黄金鯱 身替座禅	柿木金助 山蔭右京	第四十六回吉例顔見世／名古屋開府四百年記念、尾上菊五郎大凧宙乗りにて黄金の鯱盗り相勤め申し候／監修を担当

年	開始	終了	劇場	演目	役	公演
	11・01	11・25	新橋演舞場	天衣紛上野初花　河内山と直侍	片岡直次郎	吉例顔見世大歌舞伎
				都鳥廓白浪	忍ぶの惣太実は山田六郎、木の葉の峰蔵	
	12・02	12・25	日生劇場	摂州合邦辻　万代池・合邦庵室	合邦道心	日生劇場十二月大歌舞伎
平成23 二〇一一	01・03	01・27	国立劇場大劇場	四天王御江戸鏑	相馬太郎良門、鳶頭中組の綱五郎実は渡辺源次綱	第二七二回一月歌舞伎公演／監修を担当
	01・15			わが心の歌舞伎座［映画］		製作・配給：松竹
	03・02	03・26	新橋演舞場	曽我綉侠御所染　御所五郎蔵	御所五郎蔵	三月大歌舞伎
				源氏物語　浮舟	時方	
	04・01	04・25	新橋演舞場	一條大蔵譚　檜垣・奥殿	一條大蔵卿	四月大歌舞伎
				絵本太功記　尼ヶ崎	真柴久吉	
	05・02	05・26	大阪松竹座	極付幡随長兵衛	水野十郎左衛門	團菊祭五月大歌舞伎
				弁天娘女男白浪　浜松屋・勢揃	弁天小僧菊之助	
	06・02	06・26	博多座	身替座禅	山蔭右京	六月博多座大歌舞伎
				新皿屋舗月雨暈　魚屋宗五郎	魚屋宗五郎	
	07・29		新橋演舞場	松島	（立方）	東日本大震災復興支援、歌舞伎チャリティー公演
	08・31		国立劇場大劇場	松の翁	（立方）	尾上流四代家元継承・三代目尾上菊之丞襲名披露舞踊会
	10・03	10・27	国立劇場大劇場	開幕驚奇復讐譚	吉野山の仙女九六媛、奈良屋綿七実は木綿張荷二郎、斯波義将	第二七四回十月歌舞伎公演、国立劇場開場四十五周年記念「歌舞伎を彩る作者たち」シリーズ第一弾／尾上菊五郎・尾上菊之助両宙乗りにて術譲り相勤め申し候／監修を担当
	11・01	11・25	新橋演舞場	新皿屋舗月雨暈　魚屋宗五郎	魚屋宗五郎	吉例顔見世大歌舞伎、七世尾上梅幸十七回忌・二世尾上松緑二十三回忌追善
				梅雨小袖昔八丈　髪結新三	髪結新三	

年	初日	千穐楽	劇場	演目	役	備考
	11・30	12・26	南座	与話情浮名横櫛　源氏店 源平布引滝　実盛物語	蝙蝠の安五郎 斎藤実盛	當る辰歳吉例顔見世興行、京の年中行事、東西合同大歌舞伎、南座新装開場二十周年記念
平成24 二〇一二	01・02	01・26	新橋演舞場	盲長屋梅加賀鳶 神明恵和合取組　め組の喧嘩	加賀鳶天神町梅吉、按摩竹垣道玄 め組辰五郎	壽初春大歌舞伎
	01・28		国立劇場大劇場	質庫魂入替	男雛	第三十六回俳優祭、東日本大震災被災地復興支援
	01・29		南座	松の翁	（立方）	尾上流四代家元継承・三代目尾上菊之丞襲名披露舞踊会
	03・02	03・26	新橋演舞場	仮名手本忠臣蔵　九段目 唐相撲	大星由良之助 日本人	三月大歌舞伎
	05・03	05・27	大阪松竹座	身替座禅 絵本太功記　尼ヶ崎	山蔭右京 真柴久吉	團菊際五月大歌舞伎
	06・30	07・31	地方巡業	義経千本桜　吉野山	忠信実は源九郎狐	公文協東コース、松竹大歌舞伎
	09・26		国立劇場大劇場	寿式三番叟　弓矢立合	翁	二世藤間勘祖二十三回忌追善、宗家藤間流藤間会
	10・02	10・26	御園座	伊勢音頭恋寝刃　油屋 鬼一法眼三略巻　菊畑	仲居万野 奴虎蔵実は源牛若丸	第四十八回吉例顔見世、六代目中村勘九郎襲名披露
	11・01	11・25	新橋演舞場	六代目中村勘九郎襲名披露口上 人情噺文七元結 四千両小判梅葉	 左官長兵衛 野州無宿入墨富蔵	吉例顔見世大歌舞伎
	12・01	12・25	新橋演舞場	御摂勧進帳　芋洗い勧進帳 籠釣瓶花街酔醒	富樫左衛門 佐野次郎左衛門	十二月大歌舞伎

年	初日	千穐楽	劇場	演目	役名	備考
平成25 二〇一三	01・03	01・27	国立劇場大劇場	夢市男達競	夢の市郎兵衛	第二八三回一月歌舞伎公演／河竹黙阿弥没後百二十年／監修を担当
	03・27		歌舞伎座	寿式三番叟	三番叟	歌舞伎座開場式／午後一時開演
	04・02	04・28	歌舞伎座	弁天娘女男白浪	弁天小僧菊之助	歌舞伎座新開場、柿葺落四月大歌舞伎
				勧進帳	富樫左衛門	
	05・03	05・29	歌舞伎座	三人吉三巴白浪　大川端	お嬢吉三	歌舞伎座新開場、柿葺落五月大歌舞伎
				梶原平三誉石切	大庭景親	
	06・03	06・29	歌舞伎座	土蜘	僧智籌実は土蜘の精	歌舞伎座新開場、柿葺落六月大歌舞伎
				助六由縁江戸桜	白酒売新兵衛実は曽我十郎	十二世市川團十郎に捧ぐ
	08・29		国立劇場大劇場	青海波	（立方）	五十回忌追善、初代尾上菊之丞を憶ふ会
	10・01	10・25	歌舞伎座	義経千本桜　吉野山・河連法眼館	佐藤忠信、源九郎狐	歌舞伎座新開場柿葺落、芸術祭十月大歌舞伎
	11・01	11・25	歌舞伎座	仮名手本忠臣蔵　大序・三段目・四段目・五段目・六段目	塩冶判官【大序・三段目・四段目】、早野勘平【五段目・六段目】	歌舞伎座新開場柿葺落、吉例顔見世大歌舞伎
平成26 二〇一四	01・03	01・27	国立劇場大劇場	三千両初春駒曳	小田三七郎信孝	第二八八回一月歌舞伎公演／監修を担当
	03・02	03・26	歌舞伎座	身替座禅	山蔭右京	歌舞伎座新開場、鳳凰祭三月大歌舞伎、歌舞伎座松竹株式会社経営百年、先人の碑建立一年
				勧進帳	富樫左衛門	
	03・27		歌舞伎座	鈴ヶ森錦繍雲駕	雲助東海の勘蔵	第三十七回俳優祭
	05・01	05・25	歌舞伎座	新皿屋舗月雨暈　魚屋宗五郎	魚屋宗五郎	團菊祭五月大歌舞伎、十二世市川團十郎一年祭
				極付幡随長兵衛	水野十郎左衛門	
	06・01	06・25	歌舞伎座	源平布引滝　実盛物語	斎藤実盛	六月大歌舞伎
				倭仮名在原系図　蘭平物狂	在原行平	三代目尾上左近初舞台、劇中にて口上相勤め申し候

年	初日	千穐楽	劇場	演目	役	備考
	10・05	10・27	日本特殊陶業市民会館ビレッジホール	人情噺文七元結 身替座禅	左官長兵衛 山蔭右京	錦秋名古屋顔見世
	11・01	11・25	歌舞伎座	一谷嫩軍記　熊谷陣屋 義経千本桜　すし屋	源義経 いがみの権太	吉例顔見世大歌舞伎、初世松本白鸚三十三回忌追善
平成27 二〇一五	01・03	01・27	国立劇場大劇場	南総里見八犬伝	犬山道節	第二九三回一月歌舞伎公演／監修を担当
	02・02	02・26	歌舞伎座	彦山権現誓助劔　毛谷村 神田祭	毛谷村六助 鳶頭菊吉	松竹創業百二十周年、二月大歌舞伎
	04・02	04・26	歌舞伎座	六歌仙容彩　喜撰 成駒家歌舞伎賑　木挽町芝居前	喜撰法師 木挽町座元音羽屋菊五郎	松竹創業百二十周年、四代目中村鴈治郎襲名披露、四月大歌舞伎
	05・02	05・26	歌舞伎座	天一坊大岡政談 神明恵和合取組　め組の喧嘩	大岡越前守 め組辰五郎	松竹創業百二十周年、團菊祭五月大歌舞伎
	06・01	06・25	歌舞伎座	新薄雪物語 夕顔棚	奴妻平、葛城民部 婆	松竹創業百二十周年、六月大歌舞伎
	10・01	10・25	歌舞伎座	人情噺文七元結 梅雨小袖昔八丈　髪結新三	左官長兵衛 肴売新吉	松竹創業百二十周年、芸術祭十月大歌舞伎／二世尾上松緑二十七回忌追善狂言
	10・28		NHKホール	身替座禅	山蔭右京	第四十二回NHK古典芸能鑑賞会
	11・01	11・25	歌舞伎座	曽我綉俠御所染　御所五郎蔵 江戸花成田面影	御所五郎蔵 町年寄音羽屋菊五郎	松竹創業百二十周年、吉例顔見世大歌舞伎、十一世市川團十郎五十年祭 堀越勸玄初お目見得
	11・27	11・28	北野文芸座	壽北野三番	（立方）	特別舞踊公演
平成28 二〇一六	01・03	01・27	国立劇場大劇場	小春穏沖津白浪　小狐礼三	日本駄右衛門	第二九八回一月歌舞伎公演／河竹黙阿弥生誕二百年／監修を担当

年	初日	千穐楽	劇場	演目	役名	備考
	02・02	02・26	歌舞伎座	新書太閤記	木下藤吉郎・羽柴筑前守秀吉	二月大歌舞伎
	03・03	03・27	歌舞伎座	籠釣瓶花街酔醒	繁山栄之丞	五代目中村雀右衛門襲名披露、三月大歌舞伎／十一日まで休演
				鎌倉三代記　絹川村閑居	三浦之助	
				五代目中村雀右衛門襲名披露口上		
	05・02	05・26	歌舞伎座	楼門五三桐	真柴久吉	團菊祭五月大歌舞伎
				勢獅子音羽花籠	鳶頭音羽の菊五郎	寺嶋和史初お目見得
	06・02	06・26	博多座	身替座禅	山蔭右京	五代目中村雀右衛門襲名披露、六月博多座大歌舞伎
				五代目中村雀右衛門襲名披露口上		
	09・27		歌舞伎座	本朝廿四孝　十種香	武田勝頼	二世藤間勘祖二十七回忌追善、宗家藤間流藤間会
				経正	行慶上人（素踊り）	
	10・02	10・26	歌舞伎座	極付幡随長兵衛	水野十郎左衛門	八代目中村芝翫襲名披露、四代目中村橋之助・三代目中村福之助・四代目中村歌之助襲名披露、芸術祭十月大歌舞伎
				八代目中村芝翫・四代目中村橋之助・三代目中村福之助・四代目中村歌之助襲名披露口上		
	11・02	11・26	国立劇場大劇場	仮名手本忠臣蔵　五段目・六段目	早野勘平	第三〇〇回十一月歌舞伎公演、国立劇場開場五十周年記念
平成29 二〇一七	01・03	01・27	国立劇場大劇場	しらぬい譚	鳥山豊後之助	第三〇二回一月歌舞伎公演、国立劇場開場五十周年記念／監修を担当
	02・02	02・26	歌舞伎座	四千両小判梅葉	野州無宿入墨富蔵	江戸歌舞伎三百九十年、猿若祭二月大歌舞伎
				門出二人桃太郎	吉備津神社神主音羽	三代目中村勘太郎・二代目中村長三郎初舞台

年	初日	千秋楽	劇場	演目	役名	備考
	03・03	03・27	歌舞伎座	神楽諷雲井曲毬　どんつく	大工秀吉	三月大歌舞伎／十世坂東三津五郎三回忌追善狂言
				助六由縁江戸桜	白酒売新兵衛実は曽我十郎	河東節開曲三百年記念
	03・28		歌舞伎座	月光姫恋暫	帝	第三十八回俳優祭、日本俳優協会再建設立六十周年記念
	05・03	05・27	歌舞伎座	新皿屋舗月雨暈　魚屋宗五郎	魚屋宗五郎	團菊祭五月大歌舞伎、七世尾上梅幸二十三回忌・十七世市村羽左衛門十七回忌追善／寺嶋眞秀初お目見得
				寿曽我対面	工藤祐経	初代坂東楽善・九代目坂東彦三郎・三代目片岡亀蔵襲名披露狂言、六代目坂東亀三郎初舞台、劇中にて襲名口上申し上げ候
	06・02	06・26	博多座	彦山権現誓助剱　毛谷村	毛谷村六助	八代目中村芝翫襲名披露、四代目中村橋之助・三代目中村福之助・四代目中村歌之助襲名披露、六月博多座大歌舞伎
				八代目中村芝翫・四代目中村橋之助・三代目中村福之助・四代目中村歌之助襲名披露口上		
	10・01	10・25	歌舞伎座	極付印度伝　マハーバーラタ戦記	那羅延天、仙人久理修那	芸術祭十月大歌舞伎／新作歌舞伎、日印友好交流年記念、インド大使館後援
	10・27		歌舞伎座	松廼寿翁三番叟	翁	河東節開曲三百年記念演奏会
	11・01	11・25	歌舞伎座	雪暮夜入谷畦道	片岡直次郎	吉例顔見世大歌舞伎
平成30 二〇一八	01・03	01・27	国立劇場大劇場	世界花小栗判官	細川政元実は風間八郎実は新田源九郎義久	第三〇七回一月歌舞伎公演／監修を担当
	02・01	02・25	歌舞伎座	一谷嫩軍記　熊谷陣屋	源義経	歌舞伎座百三十年、二代目松本白鸚・十代目松本幸四郎・八代目市川染五郎襲名披露、二月大歌舞伎
				壽三代歌舞伎賑　木挽町芝居前	座元音羽屋菊五郎	二月十四日天覧歌舞伎

年	初日	千穐楽	劇場	演目	役	備考
	02・26		歌舞伎座	口上		六代目清元延寿太夫三十三回忌追善、七代目清元延寿太夫襲名三十周年記念、七代目清元栄寿太夫・初代清元斎寿襲名披露、延寿會
	04・02	04・26	歌舞伎座	梅照葉錦伊達織　裏表先代萩	下男小助、仁木弾正	歌舞伎座百三十年、四月大歌舞伎
	05・02	05・26	歌舞伎座	弁天娘女男白浪	弁天小僧菊之助	歌舞伎座百三十年、團菊祭五月大歌舞伎、十二世市川團十郎五年祭
	06・02	06・26	歌舞伎座	酔菩提悟道野晒　野晒悟助	野晒悟助	歌舞伎座百三十年、六月大歌舞伎
	08・29		国立劇場大劇場	斧琴菊旭旗	鞍馬の大天狗	第一回古典芸能を未来へ、至高の芸と継承者、尾上流／監修を担当
	10・01	10・25	御園座	酔菩提悟道野晒　野晒悟助 女暫	野晒悟助 舞台番幸吉	御園座新劇場開場記念、第四十九回吉例顔見世
	11・02	11・26	歌舞伎座	花街模様薊色縫　十六夜清心 楼門五三桐	清心 真柴久吉	歌舞伎座百三十年、吉例顔見世大歌舞伎／清元栄寿太夫初お目見得
平成31 二〇一九	01・03	01・27	国立劇場大劇場	姫路城音菊礎石	印南内膳実は赤松彦次郎教康	第三一二回一月歌舞伎公演／監修を担当
	02・02	02・26	歌舞伎座	暗闇の丑松	丑松	二月大歌舞伎／初世尾上辰之助三十三回忌追善狂言
	04・02	04・26	歌舞伎座	御存鈴ヶ森	白井権八	四月大歌舞伎
令和元	05・03	05・27	歌舞伎座	神明恵和合取組　め組の喧嘩 絵本牛若丸	め組辰五郎 鬼次郎	團菊祭五月大歌舞伎 七代目尾上丑之助初舞台、劇中にて口上相勤め申し候
	06・02	06・26	博多座	酔菩提悟道野晒　野晒悟助	野晒悟助	博多座開場二十周年記念、六月博多座大歌舞伎
	10・02	10・26	歌舞伎座	江戸育お祭佐七	佐七	芸術祭十月大歌舞伎
	11・01	11・25	歌舞伎座	梅雨小袖昔八丈　髪結新三	髪結新三	吉例顔見世大歌舞伎

年	初日	千穐楽	劇場	演目	役名	備考
令和02 二〇二〇	01・03	01・27	国立劇場大劇場	菊一座令和仇討	幡随院長兵衛、寺西閑心実は蒲冠者範頼	第三一七回一月歌舞伎公演／監修を担当
	02・02	02・26	歌舞伎座	人情噺文七元結	左官長兵衛	二月大歌舞伎
	10・04	10・27	国立劇場大劇場	新皿屋舗月雨暈　魚屋宗五郎	魚屋宗五郎	第三一九回十月歌舞伎公演
	11・01	11・26	歌舞伎座	身替座禅	山蔭右京	吉例顔見世大歌舞伎
令和03 二〇二一	01・03	01・27	国立劇場大劇場	四天王御江戸鏑	鳶頭中組の綱五郎実は渡辺源次綱	第三二二回国立劇場一月歌舞伎公演／監修を担当
	03・04	03・29	歌舞伎座	雪暮夜入谷畦道	片岡直次郎	三月大歌舞伎
	05・12	05・28	歌舞伎座	仮名手本忠臣蔵　六段目	早野勘平	五月大歌舞伎
	06・03	06・28	歌舞伎座	夕顔棚	婆	六月大歌舞伎
	10・02	10・27	歌舞伎座	松竹梅湯島掛額	紅屋長兵衛	十月大歌舞伎
	11・01	11・26	歌舞伎座	寿曽我対面	工藤祐経	吉例顔見世大歌舞伎／十世坂東三津五郎七回忌追善狂言
令和04 二〇二二	01・03	01・27	国立劇場大劇場	南総里見八犬伝	犬山道節	第三二六回一月歌舞伎公演、国立劇場開場五十五周年記念／監修を担当
	03・03	03・28	歌舞伎座	芝浜革財布	魚屋政五郎	三月大歌舞伎
	05・02	05・27	歌舞伎座	土蜘	源頼光	團菊祭五月大歌舞伎
	06・03	06・23	博多座	義経千本桜　すし屋	いがみの権太	六月博多座大歌舞伎
	10・01	10・26	国立劇場大劇場	義経千本桜　河連法眼館	源義経	第三二八回十月歌舞伎公演、未来へつなぐ国立劇場プロジェクト、初代国立劇場さよなら公演、国際音楽の日記念
	11・07	11・28	歌舞伎座	外郎売 十三代目市川團十郎白猿・八代目市川新之助襲名披露口上	工藤祐経	十三代目市川團十郎白猿襲名披露、十一月吉例顔見世大歌舞伎、八代目市川新之助初舞台／千秋楽はオンライン生配信あり

令和05 二〇二三	01・03	01・27	国立劇場大劇場	遠山桜天保日記　歌舞伎の恩人・遠山の金さん	遠山金四郎・遠山左衛門尉景元	第三三〇回一月歌舞伎公演、未来へつなぐ国立劇場プロジェクト、初代国立劇場さよなら公演／監修を担当
	03・04	04・12	IHIステージアラウンド東京	ファイナルファンタジーX	エボン＝ジュ（声）	新作歌舞伎
	05・02	05・27	歌舞伎座	音菊眞秀若武者　岩見重太郎狒々退治	弓矢八幡	歌舞伎座新開場十周年、團菊祭五月大歌舞伎／初代尾上眞秀初舞台／演出を担当

❖受賞歴

一九八二年　芸術祭優秀賞
一九八五年　芸術選奨文部大臣賞
一九八六年　日本芸術院賞
一九八六年　芸術祭賞
一九九〇年　第十一回松尾芸能賞大賞
一九九八年　第十七回真山青果賞大賞
二〇〇〇年　日本芸術院会員
二〇〇一年　第九回読売演劇大賞優秀男優賞
二〇〇三年　重要無形文化財保持者（人間国宝）
二〇〇九年　第五十回毎日芸術賞
二〇一二年　公益社団法人日本俳優協会　理事長就任
二〇一五年　文化功労者選出
二〇一六年　第六十七回ＮＨＫ放送文化賞
二〇二一年　文化勲章

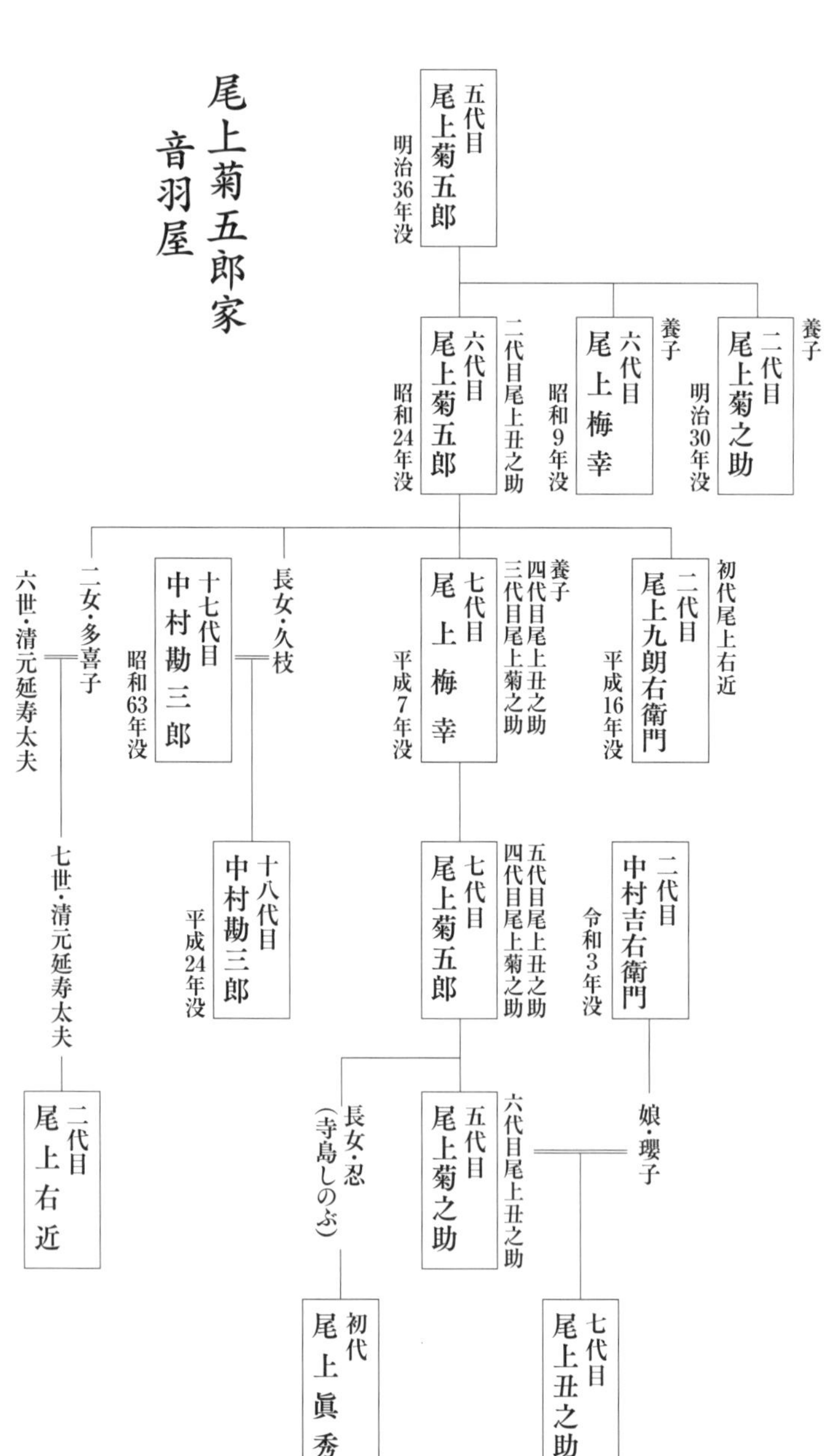

尾上菊五郎家
音羽屋
五代目 尾上菊五郎
明治36年没
養子
二代目 尾上菊之助
明治30年没
養子
六代目 尾上梅幸
昭和9年没
二代目尾上丑之助
六代目 尾上菊五郎
昭和24年没
初代尾上右近
二代目 尾上九朗右衛門
平成16年没
養子
四代目尾上丑之助
三代目尾上菊之助
七代目 尾上梅幸
平成7年没
長女・久枝
十七代目 中村勘三郎
昭和63年没
二女・多喜子
六世・清元延寿太夫
二代目 中村吉右衛門
令和3年没
五代目尾上丑之助
四代目尾上菊之助
七代目 尾上菊五郎
十八代目 中村勘三郎
平成24年没
七世・清元延寿太夫
娘・瓔子
六代目尾上丑之助
五代目 尾上菊之助
長女・忍
（寺島しのぶ）
二代目 尾上右近
七代目 尾上丑之助
初代 尾上眞秀

あとがき

容姿に恵まれ、芸心に富み、江戸の香を感じさせる粋さがたっぷりとある。菊五郎さんはそんな歌舞伎俳優である。芸歴はとうに七十年を越した。「弁天小僧」「髪結新三」「魚屋宗五郎」「天衣紛上野初花」の片岡直次郎などの江戸前を体現する世話物はもちろん、「仮名手本忠臣蔵」の塩冶判官・早野勘平など爽やかな持ち味を生かした義太夫物の二枚目にも多くの当たり役を持つ。

若手花形のころは、名女方であった父（七代尾上梅幸）と同様に女方を中心に演じていたが、徐々に力点を立役に移し、曾祖父・五代菊五郎、祖父・六代菊五郎と名優が続いた音羽屋（菊五郎家）の芸をひとつひとつ継承し、自身のスタイルを確立していった。

女性ファンを虜にした若き日から、公演ごとに円熟度を増し進化し続ける近年まで、自身の芸や足跡について語っていただいたのが本書である。

菊五郎さんのお話は、いつうかがっても面白く興味深い。内容がたっぷりの上に、サービス精神にも富んでいる。座談の名手と言ってもいいだろう。取材の都度、そう感じていたが、これまで「聞き書き」をまとめた本はなかった。

どなたかが、菊五郎さんのお話をまとめてくれないものかと、ずっと思っていた。読者として読みたかったからだ。二十年以上前だったと思うが、直にご本人に芸談を出さないのですか、とうかがったことがある。その時に、「嫌だよ。役者は舞台がすべてなんだから」とおっしゃったのを鮮明に覚えている。

漏れ聞いたところでは、聞き書きの依頼を断り続けていらしたという。努力や苦労の形跡を人に見せたくない含羞の方なのだ。

二年ほど前であったか。断られるのを覚悟で聞き書きをお受けいただけないか、とお願いをした。「自分の人生は山も谷もないので語ることがない」「私の話はつまらないよ」と口にされたが、ありがたいことに応じてくださった。

ご自宅の稽古場で一回に二時間ほど、十数回お話をうかがった。いつも舞台と同様の潔さで、お尋ねしたことには誠実にお答えくださり、それはまた、わくわくするようなお話の連続であった。

「艶やかに」とはご自身がつけたタイトルである。いつも瑞々（みずみず）しく若々しい舞台を見せる秘訣の一端でも本書から感じ取っていただけたら幸いである。

最後に菊五郎さんはもちろん、心細やかな純子夫人、取材にご協力くださった尾上菊之助さん、菊五郎さんを支えてきた番頭の鈴木正義さん、菊五郎さんの芸と人を愛して止まない友人のみなさん、写真などの手配をお願いした歌舞伎座宣伝部のみなさん、「誰か菊五郎さんの聞き書きをしないのかねえ」とふと漏らした私の一言から、蛮勇をけしかけてくれた松竹の畏友・佐藤一生さんに御礼を申し上げたい。

小玉祥子

❖参考文献 ※順不同

◉各劇場公演プログラム、映画プレスシート
◉『現代若手歌舞伎俳優集6　尾上菊之助改め尾上菊五郎』日藝出版／一九七三年
◉『襲名記念　七代目尾上菊五郎写真集』松竹／一九七三年
◉『菊五郎劇団結成三十年記念特集号』歌舞伎座／一九七八年
◉『松竹百年史　演劇資料』松竹／一九九六年
◉『歌舞伎座百年史　資料篇』松竹／（株）歌舞伎座／一九九五年
◉『演劇年鑑』日本演劇協会
◉『演劇界』演劇出版社
◉『幕間』和敬書店
◉『TVガイド』東京ニュース通信社
◉『週間テレビ番組』東京ポスト
◉歌舞伎公式ホームページ「歌舞伎 on the web」
◉歌舞伎公式総合サイト「歌舞伎美人」
◉文化デジタルライブラリー
◉テレビドラマデータベース
◉映画データベース allcinema

初出　「毎日新聞」二〇二二年四月四日〜二〇二三年三月二十七日

小玉祥子（こだま・しょうこ）
演劇ジャーナリスト。一九六〇年東京生まれ。青山学院大学経済学部卒。著書に『芝翫芸模様』（集英社）、『二代目　聞き書き　中村吉右衛門』（朝日文庫）、『完本　中村吉右衛門』（朝日新聞出版）など。元毎日新聞社学芸部専門編集委員（演劇担当）。

艶やかに　尾上菊五郎聞き書き

印刷　二〇二三年一〇月二〇日
発行　二〇二三年一一月　一日

著者　小玉祥子
発行者　小島明日奈
発行所　毎日新聞出版
〒一〇二-〇〇七四
東京都千代田区九段南一-六-一七　千代田会館五階
電話　営業本部　〇三-六二六五-六九四一
図書編集部　〇三-六二六五-六七四五

印刷　中央精版
製本　大口製本

ISBN978-4-620- 32792-1